Voyageurs

RECUEIL COLLECTIF

INTRODUCTION

Si on m'avait dit un jour que voyager hors de chez soi serait un privilège, peut-être aurais-je vu la vie différemment...

Peut-être aurais-je enchaîné les aventures aussi vite que possible : marché Compostelle, volé vers Ushuaia, descendu l'Afrique en van, vu Venise une deuxième fois, voyagé en Inde sans passeport, traversé l'Atlantique en voilier... Peut-être aurais-je tout abandonné pour aller vivre dans une cabane en forêt loin de tout, qui sait... ?

« *Voyageurs* » est un recueil collectif qui souhaite raconter mais aussi et surtout rassembler.

Dans ce nouvel opus, après le premier volume « *Sur les routes de nos vies* », le lecteur retrouvera trente-cinq histoires inspirantes qui viennent à la fois de loin mais qui auraient pu aussi bien arriver à côté de chez vous.

Une suite inédite d'aventures qui nous rappellent les raisons-mêmes de notre humanité. Car quand bien même nos libertés seraient bafouées, nous avons été et serons toujours : des Voyageurs.

Florent Conti

Ecomail .fr

Cet ouvrage a été en partie rendu possible grâce au soutien d'Ecomail.

Ecomail.fr est un service de messagerie en ligne écoresponsable 100% basé en France qui respecte et protège la confidentialité de ses utilisateurs. Ecomail reverse la moitié de ses revenus à des associations qui travaillent pour l'environnement.

Créez votre adresse gratuite pour 30 jours, suivi de 12 euros par an (ou 1 euro par mois). Contrairement aux géants de la messagerie email, Ecomail ne propose pas un service gratuit car rien n'est gratuit étant donné qu'en réalité ces services gratuits sont financés par vos données personnelles et votre navigation.

En choisissant Ecomail, vous bénéficiez d'une boite email fiable, sans aucune publicité sur votre interface, ni vente de vos informations, mais surtout, vous participez à des projets écologiques plutôt qu'à l'enrichissement d'une grosse structure multinationale.

TABLE DES MATIÈRES

EN AMONT, EN AVAL

Par Valentin Delestre

Le ruban noir se déroule et glisse entre les doigts de mon passé, enroule le bras de mon présent et plonge dans le cœur de mon futur. Le silence de la route est à cet instant le vide épousant le plus parfaitement la forme de mon esprit. C'est un songe qui se déploie de nouveau entre moi et l'instant, l'instant du départ.

Une paire de chaussures, deux écharpes, un blouson, deux shorts, trois t-shirts, des lunettes, papiers, gourde, sac à dos...

L'instant du départ est une affirmation. C'est l'expression d'un point où le présent devient le passé. L'univers est rempli de ces points et ne les laisse que rarement se révéler de façon si saisissante. Ce qui précède le départ est un rituel immuable qui prend part entière à l'entreprise.

C'est un autre déplacement, plus intérieur... Le lit est le chantier de ce mouvement, allègrement débordé par des indécisions de superflu, c'est l'autel vivant de toutes les considérations, utiles ou dérisoires ; de toutes les manifestations, mystiques et pragmatiques ; des calculs, des hasards, de tout ce qui doit entrer dans l'ADN du voyage. Ici, les trésors et les objets sans importance, fatras de la pensée. Les écrits ont une valeur que les livres qui les contiennent n'ont pas ; les disques sont insignifiants mais la musique qu'ils

11

portent, essentielle ; les objets futiles et leur histoire, profonde. Tout est matériel et immatériel, à la fois force de l'idée et fragilité de la matière.

Nouvelle batterie, nouvel écoulement, cartouches de gaz, piles, lampe...

Il y a un mois encore, je rejoignais la côte, le vent dans chaque mètre de route gagnée, le fracas de la tasse pendue à la cloison. Il y a un an, la descente de la Loire, la traversée de l'Armorique, le Finistère-Nord, l'Ouest dans chaque litre de gazole brûlé. Le sourire d'un accueil aussi sincère qu'éprouvant et la confirmation d'une solitude supérieure.

Des mats dansaient et frappaient le mouvement de la marée dans des inclinations cliquetantes, la nouvelle radio chantait des craquements de Nouvelle-Orléans. Des nuées de minuscules moustiques sortaient de la vase à marée basse et nous gonflaient la peau de leur festin, et nos pores s'écorchaient un peu plus sous la brûlure, lorsque le soleil se couchait dans le sable.

Il y a un an déjà, je marchais sur le fond du fleuve sec, un désert de sable et de croûtes de limon. Quelques oasis vaseuses où buvaient des chiens errants et leurs maîtres... Ce soir-là, nous nous empoisonnions dans la brûlure sans fond d'alcools infâmes et de vins médiocres dont les bouteilles atteignent sans doute désormais les plages sordides du génie humain.

Blois, Candes, Angers, Paimpont, Rennes, St Brieux, Morlaix, Brest...

Retour. Camp de base. La journée est lumineuse et froide, je sors marcher un peu. La sensation est bonne et je me risque à courir. Le réveil est douloureux : je tombe au premier tournant sur le naufrage de mes capacités physiques, m'étouffant et crachant tandis que mon cœur semble exploser en un milliard de battements traumatisés. Il est temps de repartir. La route impose son rythme qui entretient le corps comme l'esprit dans l'exigence de la fluidité.

Inventaire des vêtements d'hiver, il faudra tenir

pendant les quelques mois les plus froids de l'année, sans doute de décembre à février... Une rêverie s'immisce et trace les contours de son anticipation. Les lignes du pays vallonné, progressivement brusquées, l'affleurement de l'aiguille tranchante, la courbe descendant vers la mer, le ventre de la dune... Les impressions se succèdent comme les natures rocheuses, les températures, les hygrométries, tout ce qui règle une atmosphère inimitable. Le ciel sera pâle, l'air piquant, la lumière basse, le vent mordant et la peau nue, burinée par son labeur de dernier rempart du monde. Ce que sont les essences d'une identité tribale : son regard et sa terre.

La maison où j'ai pied-à-terre est une ancienne grange, transformée par mon père et ma mère depuis la fin des années 90. Des travaux irréguliers depuis ne cessent de faire progresser son habitabilité vers la partie Ouest. J'y occupe depuis mes dix ans - et l'abandon de mon ancienne chambre à mon frère - une pièce démesurée, tout autant chambre que bureau, salon, studio, bibliothèque, chapelle, musée, garde-meuble, laboratoire et atelier. C'est un volume que je cherche autant qu'il se cherche, et que je peine à embrasser. Je le perçois avec avidité, il me reçoit avec indifférence, et nous sommes en quelque sorte devenus outil l'un pour l'autre. Je pense parfois à peindre les murs en noir et à en faire un vrai lieu.

Des couleurs, encres, stylos, livres et carnets... Appareil photo ? ... dans la rétine.

J'ai goûté et dégoûté les chambres d'internat, une colocation étudiante, squatté les salons et les canapés d'amis, de frères d'amis, de connaissances et d'inconnus avant de poser mon lit à l'arrière d'une boite de conserve sur roues. Vingt litres d'eau courante, des boites de raviolis, une bassine pour le linge, la vaisselle et la douche, quelques recueils, « Alcools » pour l'hiver, et une porte ouverte sur n'importe quel coucher de soleil.

Cinq paires de chaussettes, trois pulls, un duvet et une paire de couverture en plus, imperméable, bonnet, cartes,

13

adaptateur...

J'ai marché jusqu'à la fontaine sacrée et versé l'eau sur la pierre, j'ai fait bénir ma boussole aux anciens esprits. Ma route est exaltée. Une forêt de plus n'est pas une forêt de trop. En suivant les sources, tu parviens toujours à quelqu'un et c'est pareil pour la lumière...

Quelqu'un de bien en chair et en os, de très humain, avec le bras pour faire et refaire, cela et rien que cela qui compte.

Tu salueras tous les cours d'eau franchis, car d'où qu'ils viennent et où qu'ils aillent, ils relient comme toi l'océan à la source et acheminent l'insaisissable.

Arrivé au port, tu choisiras toujours un bateau et tu resteras assis sur le quai. Tu le regarderas voguer dans ton œil vide et les gens penseront que tu attends quelqu'un.

Tu tenteras de savoir qui habite là, tu comprendras ses habitudes, son regard, son nom. Quand il fera nuit, tu attendras d'être certain qu'une lumière y est allumée et alors tu pourras te lever et partir. Tu te sentiras rempli de cet engourdissement que tu garderas toute la nuit, en marchant dans les rues sourdes, et tu ne le consommeras qu'au matin, en t'endormant dans un creux de rocher, alors que le reste du monde commencera à s'éveiller.

J'ai essayé de ne pas penser à tout. Ce qu'on oublie, ce qui vous crée du manque, c'est ce qui vous sort des chemins.

Il est primordial de laisser dévier le cours d'une entreprise pareille. Ce mouvement-là ne peut être qu'incontrôlé, et tout ce qui vient à se dérouler comme prévu est un échec.

Il y a six mois peut-être, j'arrivais à Lille dans un fracas intérieur, de retour attendu et négligé, le sac jeté branlant et des semelles neuves. Je filais directement au rendez vous souterrain, 150 bis Bd Victor Hugo. Ensuite, tout devait se dérouler dans une confusion qui exaucerait mon pari.

Tout ce que nous projetons en rêves et en anticipations est terriblement plus grand que notre réalité.

14

Voilà pourquoi, ayant préparé les mêmes espérances dans les mêmes valises, nous échouons parfois avec les mêmes déceptions.

Après m'être longtemps senti coupable, je ne reconnais désormais aucune indignité à vivre dans le songe. Certains jours même, j'affirme y voir un modèle d'équilibre et un signe de sainteté. Ce que nous avons imaginé, nous l'avons déjà vécu une fois ; le vivre une seconde fois n'en serait qu'un affaiblissement. Mais nous attendons que l'imprévisibilité du mouvement rebrousse nos attentes, pour nous offrir une autre proposition, tout à fait déroutante et magique... En définitive, nous avons le rêve et un hasard à lui laisser ; une manière de redécouvrir sans cesse comment ne pas l'imposer au réel.

C'est en repensant à tout cela que je prépare les mêmes affaires, les mêmes espérances, à peu près.

On attend toujours de repartir. Sitôt débarqués, passées les premières effusions d'un accueil, on guette déjà le prochain mouvement. On tente d'apprivoiser la terre d'une escale pour trouver la manière la plus jouissive d'en partir. On ne comprend jamais mieux un lieu qu'en trouvant la plus belle façon de l'abandonner.

LA FUITE

Par Aude Boulord

Eté 2020. Je suis en fuite. J'attends sur le quai de la gare de Stockholm. Obsédée par le vide, j'ai décidé de le traquer jusqu'en Laponie. Le train s'en va vers le grand Nord, jusqu'à Östersund, puis il faudra encore compter de nombreuses heures de trajet avant d'arriver à Borgafjäll, village au sud de la Laponie suédoise, refuge entre les montagnes. Je me demande si ma quête vers le rien devient ridicule, si cette absence que je chasse finira par m'engloutir.

L'endroit est beau. Clair. Dénudé. J'ai atteint le désert du Nord. Eclat du soleil sur le pare-brise usé de la camionnette qui supporte douloureusement le choc des pierres du chemin tracé entre les étendues vides, les forêts et prairies parsemées de fleurs lilas qui inondent les bords de route. Une seule voie possible, ligne droite qui dérange la nature solitaire, et le même paysage, encore et encore, sous les projecteurs d'un soleil éclatant, durant les sept prochaines heures de trajet.

Première pensée : il n'y a rien. Mon chemin s'arrête-t-

17

il ici, au pied des montagnes lapones ? Faut-il en finir, poser son sac enfin, après six ans de voyage seule ? Je m'endors, bercée par l'interminable route, la gueule de bois de la veille, et le vrombissement du moteur fatigué.

Nous arrivons enfin devant l'hôtel du village, posé grossièrement au bord de l'unique route. Il me semble démesurément disproportionné, cet immense bâtiment au milieu de cet espace vierge. « C'est toi la française ? » il me demande lorsque je débarque, jetant un regard bref sur mon gabarit. J'acquiesce. « Tu sais cuisiner alors ! Tu iras aux fourneaux, on a besoin d'aide pour le petit déjeuner. Va te coucher, tu commences à six heures demain matin. »

Il est paradoxal que nous tous, saisonniers venus des quatre coins du monde, rêvions de nous perdre dans les grandes étendues nordiques, mais que nous nous retrouvions serrés comme des sardines dans des dortoirs bondés, transpirant nos os dans les cuisines, alimentant nos vices dans des bouteilles d'alcool et d'autres choses, retenant notre respiration dans cette machine à touristes.

Aujourd'hui, on a laissé tomber les tabliers le temps d'une après-midi. Nous sommes partis nous aérer l'esprit au bord du lac. Il n'existe plus rien d'autre que ce qui m'entoure : les ondulations du grand lac allongé entre les montagnes, les épais sapins verts, les rochers, et nous quatre. Je me suis agrégée en cet endroit.

Existe-t-il autre chose ? Le monde a fermé ses portes, et nous jouons à présent dans son arrière-cour. Enfermés dans l'illusion puérile d'un écosystème hors du temps, hors de tout. Par terre, le ravitaillement : des bouteilles de vodka, du saumon, des pommes de terre. L'étroitesse de cet univers acide me libère de l'assujettissement aux immenses connexions urbaines. Le soleil scandinave brille fièrement, sans peine jusque tard le soir, et les pierres scintillent. Paillettes d'or et d'argent, parures du monde, partout devant mes yeux. Près de moi, les vagues, sans bruit.

Ses mains sur mon visage font vaciller mon esprit qui, lentement, se balance. Chaque mouvement de ses phalanges sur ma peau est un courant qui traverse mon visage. Suis-je faite de sang, d'ondes, ou bien est-ce l'eau du lac qui m'habite ? Je ferme les yeux et je vois mille feux. Le puissant scintillement des rochers, l'astre qui devient chaud, brûlant même. Ma tête chancelle au rythme de ses mains qui dominent tout. Je suis à présent tendue vers la lumière, donnée au ciel. Le soleil se réfugie pleinement en moi, et j'ai bien cru qu'à cet instant, il ferait nuit.

Elle a des yeux de chat, le trait fendu, jaune, comme si elle avait absorbé le soleil, elle aussi. L'espace d'un instant, alors qu'elle cherche mon regard, je vois tout ce qu'elle voit. C'est ainsi que je me découvre. Accroupie sur les rochers, armée de toute la lumière, je suis sauvage et animale, redoutable car déshumanisée, sublime car féline. Elle contemple mes iris d'or, grands reflets fauves tournés vers le lac, qui miroitent la lumière et s'agrandissent, lentement, géantes pupilles diluées coulantes sur mon visage, terrifiantes. Elle porte sa main à la bouche. Estomaquée, les yeux écarquillés lorsqu'elle me regarde, elle me dit : « Je viens de voir la plus belle chose au monde dans tes yeux. »

J'ai d'abord cru à un mirage. Des oiseaux effleurent le ciel, créatures mythiques qui planent tout près de nous, l'illusion d'une caresse. C'est un couple de mouettes, deux amoureux perdus loin de l'océan. Le soleil s'approche de l'horizon et c'est l'heure d'or. Toute la richesse de la Terre est contenue là, offerte à nous. Jaune opaque qui nous entoure. Derrière moi, les vagues ondulent à présent sur les épais sapins, encre noire. La dernière frappe du soleil sature les sapins verts, contraste saisissant, irréel. Au milieu des sapins, deux flammes bleues étirées, vives, azur si puissant qu'il semble brûler mieux qu'un feu. Ces fenêtres sur le ciel, éblouissements entre les pins, m'empêchent de détourner les yeux. Je suis aveuglée par ce flash, troublée par ce regard indigène qui m'effraie autant qu'il me fascine, et je me demande alors, s'il serait bon de s'asseoir auprès de lui. Faudrait-il rester là, passer l'hiver ensemble, partager une vie et déguerpir du monde ?

Les yeux bleus finissent par s'éteindre et laissent place à l'immense et limpide ciel pourpre entre les reliefs noirs. Il a commencé à faire un feu. Il brasse les flammes et des poussières d'étoiles s'en dégagent, tournoient et s'envolent, des flocons de neige d'été, l'annonce de l'hiver. Je ne savais pas qu'il était possible de vivre deux saisons en même temps. La noirceur invite les ombres et les animaux prennent forme dans les flammes. On s'enlise dans la nuit qui s'est faite attendre. Je remarque le silence des vagues, les regards alertes et ceux qui se sont perdus, insaisissables, mélancoliques peut-être, mais tous fixent ce point d'horizon rose et doré, où l'ombre ailée flotte.

La lumière se rallume.

Néons de la cuisine le matin, ceux du pub le soir. Comme des papillons affolés par l'ampoule, c'est un égarement qui se répète en boucle. Une sorte de gueule de bois interminable, permanence d'une joie acérée où le temps n'avance plus. Le microcosme est en fête. Les verres sont toujours pleins, et on joue à qui partira le dernier.

Ça commence – ou termine – par une soirée au pub, où on hurle d'interminables et très arrosées discussions digestives jusqu'au moment où, oubliant nos peines, on titube pour rejoindre notre dortoir. Là, on s'entasse sur les lits superposés, certains n'y parviennent même pas, et ronflent, affalés sur le canapé. Le réveil sonne trois ou quatre heures plus tard. J'ai le visage encore imbibé d'alcool. La peau frileuse, j'enfile un t-shirt et un tablier et je me mets aux fourneaux. Les néons crus de la cuisine agressent mes yeux et accentuent ses yeux froids plantés dans son visage éternellement fatigué, figé dans son aigreur. J'ai des gestes nerveux, précis et rapides. L'odeur graisseuse du bacon se mélange à celle des œufs. Aux jurons du cuistot se mêle la frénésie de nos corps, qui s'activent entre réserves et frigidaires, plonge et étagères, lessivés de ces allers-retours. « Peu importe, on épongera notre fatigue au comptoir ce soir ! » Ils se disent, riant bêtement de notre esclavage moderne, volant de la nourriture dans les frigos, parfois aussi, se délectant des coups bas qui brisent l'ennui. Une folie de groupe, en somme.

J'ai emprunté un sac à dos, une tente, une poêle, un briquet, un sac de couchage et je suis partie seule. Il n'était pas question de rester plantée là, de tourner en rond dans ce huis-clos stupide. J'avais besoin de respirer les grands espaces, de laisser mon corps écraser mes pensées. Je n'ai pas peur des sourdes profondeurs de l'homme, mais je suis terrifiée par sa superficialité. Il vaut mieux se réfugier dans les montagnes lorsque le bas monde est trop agité.

Je sors de l'ombre de la forêt. Sur ma droite, au pied de la montagne, grande flaque de lac. Sur ma gauche, une pente raide, des rochers. Je décide d'escalader la falaise sur un coup de tête.

A mesure que je grimpe, la pente s'accentue, menaçante. Les pierres tremblent sous mes pieds, se jettent dans le gouffre. J'évite de détourner le regard, prise de vertiges par mon ascension. A quatre pattes sur les rochers, yeux rivés sur la cime, j'avance à tâtons. Pieds hésitants, déstabilisée par la tente qui se balance dangereusement au-dessus de ma tête, accrochée par-dessus mon sac-à-dos trop lourd. Je suis insignifiante parmi ces grandeurs, une tâche mouvante sur une grande toile. Mes mouvements sont lents et précis. Le pied posé sur une pierre est une prière adressée à la vie : retiens-moi.

Ma chute serait inévitablement mortelle, et pire encore, ce serait une mort dans un silence désintéressé, presque moqueur. Je ne pense plus. Les prises se raréfient. Je ne suis pas sûre de m'en sortir. Au-dessus de moi, la masse de rochers prend une forme morbide, et je me retrouve immobilisée sur cette falaise rêche. Il n'est plus possible de continuer. Mon cœur tourbillonne à plein régime. J'ai le sang froid. Mes problèmes d'en bas me semblent d'un ridicule presque comique tout là-haut, perchée sur ma falaise. Immobilisée, il fallait pourtant bien faire quelque chose. Je décide de poursuivre ma grimpée sur le versant droit, solidement agrippée sur les rochers. J'enjambe un petit ruisseau glacé. Je m'accroche aux rares arbustes sauvages, les pieds presque dans le vide. Mes bras soulèvent difficilement mon corps et les kilos supplémentaires de mon équipement. Je prie pour que les maigres branches auxquelles je me cramponne ne se brisent pas. Je ne vois plus la cime, mais un ensemble de nature abrupte. Tout est abandonné et je ne sais pas où je suis. Le corps plaqué sur l'herbe, je m'inquiète d'être perdue là, dans cette dimension hostile, ce mystère incarné, sans réalité tangible. Je continue, en vain, à m'élancer vers le haut, déboussolée par ces paysages vides et immobiles.

Je tombe enfin sur un semblant de réel : mes mains découvrent un étroit chemin de randonnée tracé sur cette raideur. Je pose les pieds sur la terre ferme. Le sommet refait surface. Par terre, des traces de bâtons de randonneurs. Me voilà remise en route.

Le vent grandit et j'aperçois un résidu de neige, éternelle tâche blanche sur les montagnes. L'hiver ne disparait jamais complètement en Laponie. Je retrouve ses flocons dans les flammes, sa silhouette dans les hauteurs.

Enfin, le sommet.

Le vent me frappe dans tous les sens, il n'y a pas un seul arbre pour me protéger. Espace totalement vide, un graphisme irréel, insensé, seulement une plaine infinie. Végétation aucune. Quelques flaques d'eau dans l'herbe. C'est un trop-plein de rien. Les bourrasques semblent avoir balayé toute chose dans ce décor aérien. Mes yeux ne peuvent s'accrocher nulle part, dérivent entre l'herbe et le ciel, le ciel et l'herbe, et mon esprit ne peut dévier de cette absence omniprésente. Suis-je devenue la proie du grand vide ? Là, au sommet de Borgahällan, j'expérimente le néant, l'inanimation des choses, et, comme une tâche dans l'œil, j'ai l'impression de me voir partout. J'erre dans ce désert d'altitude. Je ne sais pas si le vide m'englobe et m'efface, ou au contraire, me révèle.

Je redescends lentement, remplie de ce vide qui m'obsède et me rend grâce.

24

VOYAGE AU BOUT DE LA PLUIE

Par Stéphane Meireles

J e suis là, seul et sans paquetage — comme un gland au pied d'un vénérable chêne centenaire — en pleine rue, dans un bled où il n'y a pas âme qui vive ; les cheveux électrisés par un vent à décorner les bœufs alors qu'aucune bête ne paît dans les champs alentour... Heureusement que volète cette fée Clochette qui me rend chèvre avec ses mudras solidaires !

Quelques heures plus tôt, j'avais planté les roues de mon camping-car dans un coin de pré conquis dans l'obscurité, sans lune pour éclairer ma picaresque épopée. Comme vous le savez, la nuit tous les champs sont gris, comme les chats d'ailleurs ; aussi, le corps éprouvé par une conduite prolongée et sentant que le terrain était sable, j'avais laissé se reposer mon percheron mécanique qui, il faut bien vous l'avouer, était sur les rotules !

Au lever du jour, réveillé du mauvais pied par un coq gaulois échappé d'un pays imaginaire, je me cognai la tête au plafond de ma capucine et, l'air un peu sonné — phoque glissant sur la piste blanche et oisive d'une banquise —, je surfai promptement sur la petite échelle qui me sert à descendre de ce ciel intérieur, pour m'étaler — crêpe au sarrasin ou masse informe encore endormie — au fond d'un poêlon druidique mal récuré qui trainait dans l'évier !

Tels sont ces capiteux matins câlins où il est plus judicieux de roucouler ou bien de bayer aux corneilles dans son nid douillet, afin de laisser passer la tempête et le cerveau prenant l'eau du marigot !

Pressé d'en finir avec une journée qui commençait en fanfare, je remontai le rideau isolant de la cuisinette ; et ô stupeur et tremblements ! Les pluies abondantes de la nuit avaient transformé ce pré vert en une amère mangrove !

Toujours glorieux, même avec les deux pieds dans la gadoue, je libérai ma robuste haridelle de ses œillères, puis tournai la clef de contact ; mon cheval-vapeur lâchant dans les airs une bouffée noire — signe clair que l'animal avait du plomb dans l'aile ! Je laissai le moteur ronronner pour chauffer la bête... Et vint l'instant de la révélation ! Mon pied appuya, avec une certaine souplesse, sur la pédale de l'accélérateur et j'entendis les roues qui patinaient comme des danseuses lors d'une sinistre représentation du Lac des cygnes en accord mineur.

Par expérience, je compris qu'il était inutile d'insister et — à fond les ballons, en moins de quatre-vingts secondes — je me mis en quête d'un aimable humain au service de son prochain ; mais l'affaire prit une tournure pathétique ! Après une douche tiède et un café froid, j'abandonnai mon coquet studio roulant, avec l'espoir flou d'échapper à ce dédale, de fuir prestement ce gluant bourbier.

J'avais la drôle d'impression d'avoir mis les ergots dans un champ de chewing-gum ; et cette sensation collait à ma peau, rendant mon humeur proche du « maussade » — sans lien avec ces services secrets ex-raëliens, ayant trouvé refuge au Québec, ou les mots de ce Marquis, un peu pervers, sur les berges du fleuve Amour...

Une petite précision. La pluie drue avait passé le relais à une brume à couper au couteau et, à cause de mes poches crevées — aérations du kaki pantacourt de bohème du poète sous le ciel Muse —, j'avais paumé mon laguiole, sur un sentier forestier la semaine d'avant ; aussi, je marchai sur des œufs, aveugle sans canne, sur ce chemin — qui ne fleurait pas la noisette — bordé de champs. Et les minutes s'égrainèrent avant de voir poindre à l'horizon nébuleux — cité interdite perdue dans la jungle chinoise — un bourg ! Je vous dis bourg ; pourtant, ce n'étaient que des ruines après le passage d'un ouragan ou la chute d'une moche météorite ! Des tas de pierres branlants du chef, palais déglingués du Facteur Cheval ou vieux restes de cheminées cosmo-telluriques, me dévisageaient comme si j'eusse débarqué d'une autre planète...

Voilà, avec mon pâle teint de rose, je suis las, ermite errant tel un skate, en mode border line, au pied de sa rampe ! Ce manège dure depuis quelques minutes déjà... Je tourne sur moi-même ; je slalome dans les ruelles et rien, pas un pécore ! Un village fantôme, c'est bien ma veine et elle cabriole, autour de moi, cette éclaireuse, paraissant n'avoir d'yeux que pour cet humain atypique !

Rusé comme un renard, un bison ou un Sioux, j'en ai encore sous la pédale, et je sors mon téléphone de mon sac banane ; immédiatement, je pige que les carottes sont cuites : pas de réseau ! Inutile de tirer des plans sur la comète, sur la cornette, sur Dieu et la fonte des glaciers ! J'ai la touche du premier homme qui a glissé sur une pelure d'orange narguant le sol lunaire.

Tout à coup, alors que tout semble perdu, par un bel effet papillon, la fine silhouette de la fée me fait un signe ; ses ailes légères me montrent un carré de verdure, entre deux masures avachies, et une lueur étrange attire mon regard d'accipitre en proie à une visuelle rédemption ! Tel un faucon, par d'habiles battements de bras, coursant la pétillante luciole, je virevolte au-dessus des herbes qui me font rire et je tombe sur un objet triangulaire, d'environ trois mètres d'envergure, stationné sur cet espace secret, l'air peinard !

Gonflé à bloc par la petite sirène des nuées, je ne me démonte pas... D'un pas hardi, l'auriculaire courbé, je m'approche de ce vaisseau, un peu spécial, pris d'un hoquet parkinsonien ! A priori, il y a du monde à bord...

Sans nul besoin de réfléchir plus longtemps, ni de passer un appel en morse à un ami vivant au sein de

27

l'Atlantide, j'opte pour la présence immaculée d'un OVNI puisqu'il me paraît prématuré que des agriculteurs, un brin zélés, puissent importer du Japon des tracteurs « Shiatsu » désireux d'offrir des massages fréquentiels à Gaïa ! Je vous concède avoir succombé à une excitation forte produite par ma première rencontre du troisième type !

Je tape courtoisement sur la carlingue braisillante de l'appareil... Pas de réponse. J'insiste un peu, un morceau métallique, aussi agile qu'une plume, tombe de l'engin ; et je me retrouve nez à nez avec un pèlerin qui ne semble pas venu d'une autre galaxie, c'est certain ! Vous voyez notre Jacques Villeret national dans « La soupe aux choux » eh bien ! C'est son portrait tout craché avec l'option très alcoolisée, après l'analyse nasale des effluves vineux qui sortent de son clapet ! La liqueur de prune avait coulé à flot et l'objectif Lune s'était éloigné à la vitesse de la soupière remplie de ce cosmique breuvage. Alors, sa mission accomplie, la fée s'évapore, en murmurant à mon oreille de chameau un adieu télépathique dans sa langue quenya (du haut-elfique). Sa fluette mélopée se fond dans la soie des brumes, sous le coup de burin rural, la voix gutturale du stentor qui me bredouille qu'on est dimanche — bien vu !

J'ai omis de vous mentionner ce détail croustillant — et, qu'hier, avait eu lieu le festival d'Ufologie « Des Vieilles Navettes » dans ce trou normand ; qu'après la fête — de boire, avec excès, ou de conduire —, notre pilote avait décidé de roupiller dans sa réplique d'un vaisseau mère du film Star Wars, puisqu'il avait la tête dans les étoiles et l'estomac dans les talons ! Les spiritueux, Saturne la calebasse, et l'apprenti cosmonaute a tôt fait de se voir catapulter sur Mars ou Vénus, sans rien ni comprendre, sous les regards médusés de sages peuples galactiques.

En outre, l'observant un peu, ce n'est pas une Ferrari, notre piètre étalon ; et il aurait toutes les peines du monde pour plonger dans un vortex, traverser le pont d'Einstein-Rosen, car c'était le trou noir dans son spongieux cortex, assez proche d'un vide intersidéral. Tous ses copains étaient rentrés chez eux vers 23 heures. Il est précis, comme un coucou suisse, ce titubant danseur de moonwalk. Son horloge biologique ne me paraît pas trop décalée, malgré la gravité de son teint olivâtre. Soudain, son doigt tremblant d'E.T. m'indique une grange abandonnée où il a garé sa 4L. Un bref instant, je me surprends à imaginer que c'était lui la petite fée — ce subtil esprit qui m'avait guidé jusqu'ici... Il est urgent que j'arrête le cidre doux avant de me coucher !

Tel un éléphant dans sa tour d'ivoire, je saisis l'occasion pour lui faire un rapide topo de ma situation dantesque. Minute de silence. J'ai l'impression que l'on commémore un truc ou qu'un ange passe... Un devoir de mémoire que j'aurais oubliée en chemin ?

Il se redresse et me demande d'où je viens ; et je lui réponds que j'aimerais d'abord savoir où j'ai atterri ! Brutalement, il se met à rire comme un bossu. Je marque un point ; il a le sens de l'humour. En fait, non ! C'est un rictus de douleur suivi d'une toux sèche ; laquelle se clôt par un hennissement à vous faire saigner les tympans.

À en juger son rocailleux aboiement, ce butor ne fume pas du trèfle. Il ne faut pas être le Docteur Folamour afin d'établir un diagnostic qui tient la route. Cela sent le sapin, les lutins norvégiens sous méthamphétamines, et Noël est encore loin.

Subrepticement, une tension caresse l'air filandreux, à l'image de ces duels de western-spaghetti ! Je lui fais mon regard de chien battu ; quant à lui, celui d'un gnome en rogne qui s'en cogne de mes histoires à dormir debout ! C'est ce qu'il fait, sans fard, d'ailleurs !

Voilà, c'est fini. Ils se marièrent et ils eurent beaucoup d'enfants tout verts ! Je vous taquine, mes lapins d'Alice au pays du miel et des abeilles, loin des OGM. Ainsi, je peux broder encore — mémé réchauffant ses vieux os et ses pénates devant l'âtre flamboyant — en vous contant l'odyssée poétique de « L'homme à la barbe » et au bonnet orange qui s'est lui aussi perdu dans le labyrinthe de cette quatrième dimension...

Cependant, la pudeur m'interdit de vous en dévoiler plus sur les mœurs grégaires de ces quelques voyageurs, en van et au sourire solaire, parcourant les cruels déserts, les contrées polaires et les steppes arides, sans jamais prendre une ride au coin de leurs yeux d'enfant du paradis !

Pour l'instant, le quidam cuve tout son soûl... Mais, voilà qu'arrivent, sans se presser, ses camarades du cru, très terrestres — quatre cavaliers chamarrés de mon apocalypse —, et ces lurons vont gaiement me sortir de mon champ de patates ; j'y crois : croix de bois, croix de fer, si je mens, je ne migre plus vers Cythère !

Pour remercier mes Sauveurs du dimanche, j'ai déjà l'idée d'organiser un apéro-surprise ; et ces valeureux spationautes termineront, dans la soucoupe du chef, serrés comme des sardines et beurrés comme des raies !

LE BONHEUR EST DANS LE PRÉ ! PREUVE EN EST !

L'HOMME À LA BARBE

Par Stéphane Meireles

(À Florent)

Je suis l'homme à la barbe,
Ici, le nouveau barde
Arpentant le chemin,
Un bâton dans ma main.

Je suis l'homme à la barbe,
S'approchant de la harde
De cerfs, de caribous,
D'ours bruns ou de loups ;
Dansent, sur mon passage,
Les ors du pays sage...

Je suis l'homme à la barbe,
Qui croise la rhubarbe ;
La myrtille et la mûre,
Toujours de bon augure,
Pour celui qui sait voir
Avec l'âme encensoir
Qui s'offre à la fragrance
De la Mère Abondance.

Ô Nature et ses dons !
Sous les grands yeux tout ronds
D'un hibou sur sa branche —
L'imaginaire hanche
D'un banjo migrateur
Aux bras d'un enchanteur.

Je suis l'homme à la barbe,
Un bien étrange barde
Dont le bonnet orange
Réjouit la mésange —
Un signal de tendresse
Pour la bête en détresse.
Roulant est mon palais,
La terre est mon relais,
Ô le ciel, mon château !
Le royaume du Beau
Du Bon, du Bien, du Vrai,
De l'Amour, le bleu geai !

Je suis l'homme à la barbe
De ma plume, j'ébarbe
Cette feuille d'érable
De mon très vénérable
Joyau de la couronne
Qui, sous mon pied, frisonne :

Mon pays canadien,
Si j'étais le gardien,
Le serein défenseur,
Qui filme la Douceur
De ta faune et ta flore,
En sifflant « Passiflore ! »

Je suis l'homme à la barbe
Et jamais je ne barbe
Ce drôle de lecteur
Qui suit, en migrateur,
Ma vibrante Aventure,
En canot, en voiture,
D'Amérique à l'Europe ;
Ô vol que rien ne stoppe !

Je suis l'homme à barbe,
Bon cuisinier et barde !
Lors, j'élève la voix,
Sous la yourte des bois,
Devant mon microphone,
L'oiseau d'hiver chantonne
Avec moi, sans pudeur,
À la blanche lueur,
La mélodie en fleur,
Les notes du Bonheur —
Le bel hymne à la Joie,

Du rêveur sur la Voie...
Libre comme Thoreau,
Pour chauffer mon bol d'eau,
Je prends aux arbres morts
La rondeur de leur corps —
Le respect chamanique
D'un esprit harmonique !
Simple, je fais le choix
D'un retour à la terre,
Nomade ou sédentaire —
De la sobriété,
Je chante tout l'été,
Seul au van de ma Vie ;
Pain, j'adore ta mie !
Je suis les éléments,
Leur flow rend au Printemps
Cette clarté sauvage
D'un voyageur sans âge !

Je suis l'homme à la barbe...

Stéphane, le 13.12.2020

LE CHEMIN

Par Sophie Meyer

J'ai voyagé en stop, en train, en van, en avion, j'ai dormi à même le sol, en tente, en van, dans ma petite Ford Fiesta aménagée avec lit et cuisine... Je pourrais conter la fois où j'ai atterri à Hawaii pour deux mois sans endroit où dormir, la fois en Bulgarie où je dormais sur mon sac a dos et que la police m'a arrêtée, mon nouvel an sur un volcan, les rencontres, les partages, les moments de stress qui me font éclater en sanglot puis juste lâcher prise.

Mille et une histoires, mais au final, qu'est-ce que j'en retiens ?

Ce que je retiens est l'énergie, la création, le chemin. Le chemin pour aller où ? Le chemin pour trouver mon chemin. Ces voyages juste pour partir, juste pour allez mieux, m'ont aussi fait réaliser que peu importe où l'on se situe sur le globe, si l'énergie n'est pas la bonne, le voyage ne trouve pas son sens.

Il y a deux ans, on m'a diagnostiqué une maladie chronique, j'ai remis beaucoup de chose en question, au début j'ai vu des murs se dresser sur mon chemin. Et puis, petit à petit, j'ai commencé à remarquer qu'un mur n'est pas une frontière, on peut apprendre à l'escalader, le contourner ou s'en servir pour construire notre maison.

Aujourd'hui, j'organise ma vie pour aller je ne sais où encore, mais avec un van, un cocon qui nous accompagne, que l'on construit petit a petit, et ce processus est déjà un voyage, permettant de s'imaginer le futur, de créer ce chemin.

Aucun avion, aucun train, aucun personnage qui nous prendrait en stop, et aucun van, ne saura retranscrire

35

l'excitation de la préparation, du rêve, du projet, de la création, de la naissance de quelque chose.

Aujourd'hui un van, mais demain une petite maison, un jardin, les plans se dessinent dans ma tête, l'imagination s'affaire, mettre les mains dans la terre, se reposer sur ma terrasse, installer ma balançoire.

Et si cela ne se fait pas ? Et si cela n'aboutit que dans mon imagination, que dans cinq ans, dix ans, jamais... ? Eh bien il y aura un autre processus, une autre idée, une énergie, quelque chose de puissant, un enfant ? Attendons d'abord d'avoir un chien, mais pourquoi pas après tout ? Ce voyage duquel on ne peut plus reculer, plus s'égarer, doit être fou !

L'enveloppe, le projet, le but, l'objectif, l'idée, le pays, la case à cocher, que ce soit sur terre, ou en mer, nomade ou sédentaire, en famille, seul ou à deux, tout ce qui importe au fond c'est le chemin pour y arriver, l'envie de le faire, l'énergie qu'on y met.

Chaque embûche sera l'eau qui fera tourner mon moulin, et même si l'on bifurque et change de rivière ou de cours d'eau, jamais la roue ne cessera de tourner. Le jour où le voyage cesse, que cette roue s'arrête et que les idées tombent à l'eau, ce jour-là, peut-être... peut-être bien que je prendrais tout simplement un autre chemin.

À mon petit frère, en espérant que de là où tu es, tes pas puissent être portés par les miens sur ce chemin, mon chemin rappelé à la terre, sédentaire comme le tien. Ton voyage n'était pas long ni loin, mais il était vrai. Ta rivière s'est transformée en torrent glaciaire. Des fois le chemin s'arrête, mais ton chemin guide désormais le mien, et je ne pense plus à partir loin pour simplement partir, voyager pour la destination ; j'ai compris désormais. Le seul but qui importe est le chemin. Le chemin est le but.

MOJAG

Par Mathilde Mourer

J e me suis toujours demandé comment une personne se construit ? Comment entrent en jeu ses passions, ses émotions et son caractère ? Aujourd'hui, je suis persuadée que chaque évènement que nous vivons crée en nous une solidité et une faiblesse nouvelle. J'ai fini par remarquer qu'à chaque problème, une solution existe.

Ma solution à moi ? Mère Nature et ses enfants.

Du haut de mes petits 22 ans, j'ai déjà connu deux grands épisodes marquants. Le premier n'a aujourd'hui plus d'importance, il m'a appris à accueillir la vie et surtout à l'aimer, appris à apprécier la nature dans toute sa splendeur. Mais afin d'aider le plus de personne possible, j'ai décidé de vous faire part du second.

Messieurs, peut-être allez-vous avoir du mal à vous y retrouver mais j'ose espérer être capable de vous faire rentrer dans mon histoire. J'ose également espérer vous faire prendre conscience à quel point la nature peut reconstruire une vie.

Chaque être vivant sur cette planète a pour moi une place dans mon cœur. Une fleur, un animal, un insecte, tout ce que Mère Nature a créé est forcément quelque chose de beau et d'utile pour notre environnement. J'aimais mon corps, j'avais appris à prendre soin de lui, à écouter ses fatigues et ses sauts d'humeurs. J'avais choisi le respect de mon corps en toute circonstance. Lorsqu'un homme est entré dans ma vie, tout naturellement, j'ai pris mes précautions et j'ai choisi une contraception qui n'incluait pas d'hormone. Vivant le parfait amour, je me sentais si bien. Je pouvais m'épanouir d'un rayon de soleil, d'une goutte d'eau et même d'un tronc d'arbre. Un puis un jour, la pleine lune avait déjà passé son cycle et le mien n'avait toujours pas commencé. Les examens médicaux ont confirmé mes doutes : mère nature avait décidé de me faire porter la vie.

Nos larmes ont coulé, beaucoup de tendresse s'est partagée mais d'un commun accord nous ne pouvions pas le garder.

Assise sur un tronc, face à cette mer qui a déjà entendu et recueilli tous mes soucis, j'ai analysé mes ressentis : colère, tristesse, peur, angoisse, incompréhension, désarroi. J'ai explosé. Mes jambes s'emballent, elles courent de plus en plus vite, le sable avale mes pas et mon endurance. Je cris, je hurle, je pleure, j'évacue. Rien ne va plus, je m'effondre au sol, je me sens si seule je ne sais pas quoi faire ni à qui en parler car c'est un sujet tabou ! Une femme qui avorte est dans la majorité des cas très mal vue. Elle passe pour une Marie-couche-toi-la, une femme qui ne se protège pas, qui ne prend pas ses responsabilités en mains, et surtout elle passe pour une mère indigne qui tue son propre enfant.

J'ai glissé mes mains dans le sable, respiré profondément, séché mes larmes. Je suis une femme forte. Nous sommes toutes des femmes fortes ! Ce n'est pas un sujet un tabou, nous devons en parler, avorter est une prise de décision très difficile. En tant que jeune femme mature et responsable, je ne pensais jamais que ce choix s'offrirait à moi. Je sais ô combien j'ai de la chance de vivre en France et d'avoir la possibilité de choisir.

J'observe l'eau s'échouer lentement sur le sable. Encore une fois elle m'a apaisée, elle a répondu à mes questions, elle a su quoi faire. Mère Nature est la mère la plus fidèle qui existe. Sans jugement, elle sait quoi faire.

Lorsque je passe ma main le long de son encolure, je ressens tout l'amour, toutes les énergies qui émanent d'elle. Elle a senti mon ventre. Elle le sait. « Mon rendez-vous est pris, tu n'as pas à t'inquiéter, rien ne va changer » lui dis-je. Si seulement c'était vrai... Nous marchons toutes les deux côte à côte, comme deux copines qui se racontent leurs péripéties. Ma jument est ma lumière, elle a su me guider vers le bon chemin lors du décès de mon grand-père, et je sais qu'aujourd'hui elle saura quoi faire pour me montrer où aller face à cette situation qui me dépasse.

Nous marchons dans le silence, son pas est léger, elle effleure les feuilles, sa robe grise tachetée est aussi terne que mes pensées. Mais malgré la tristesse et la peur qui m'envahissent, elle arrive en un simple regard à remettre de l'amour et de la couleur dans ma vie. Alors je sais que je vais y arriver, demain quand je vais devoir avaler ce morceau d'hormone, je sais qu'elle sera avec moi et qu'elle saura me donner la force dont je vais certainement avoir besoin.

Nous y sommes, je n'ai pas dormi de la nuit. Est-ce que ça va fonctionner ? Déjà sept semaines que je vis pour deux, je suis à la date limite, si ça ne fonctionne pas, ma seconde option est l'opération. Rien que d'y penser, je suis pétrifiée ! Non pas par l'acte en lui-même, mais je suis terrifiée à l'idée de l'annoncer à mes parents.

6h30, la pilule est avalée. Je me couche sur le canapé et j'attends. Ils disent que je ne dois pas vomir surtout dans la première heure. 6h45. Je cours aux toilettes pour vider mon estomac. Il court avec moi. Je relève la tête, nos regards se croisent. « Et merde ! ». Les larmes montent mais elles sont aussitôt ravalées par les premières contractions. Assise par terre, j'essaie de me diriger vers le canapé pour être plus confortable, mais impossible. Je suis bloquée par la douleur. Je m'effondre au sol, au milieu de la cuisine, entre les toilettes et le canapé. Les douleurs sont de plus en plus fortes. Le carrelage me glace la peau. Je tremble, mon corps est pris de sursauts, mes larmes n'arrivent même plus à couler. J'essaie de souffler, de contrôler mon corps mais rien n'y fait. La douleur est là, elle a totalement pris possession de mon corps, je ne contrôle plus rien et c'est ma plus grande phobie. Je vacille entre douleur et terreur.

J'essaie de me voir allongée avec elle face au soleil siestant paisiblement. J'essaie de m'imaginer dehors, en pleine nature dans cet univers qui me comprend parfaitement. J'essaie de toutes mes forces mais le froid du sol n'a rien à voir avec la souplesse et l'humidité d'un tapis de feuilles.

8h, j'arrive à mettre un pied devant l'autre, je m'enroule de couvertures sur le canapé. Je tremble encore, mon corps vient de vivre un traumatisme. Je sais que je vais avoir du mal à le réparer. Je me sens vide, je n'ai plus de force, plus d'énergie, je suis comme morte. Pour la première fois de ma vie, je viens de perdre le contrôle de la situation, du début à la fin, et je ne sais pas comment reprendre les rênes. Alors je dors, toute la journée et toute la nuit. Le sang n'arrête pas de couler, je suis dépassée par tout ce qui passe dans mon corps, je m'en veux de lui avoir fait subir ça.

Les semaines et les mois passent et je suis toujours aussi mal dans mon corps. La nature me redonne le goût à la vie, mais lorsque je rentre dans mon petit appartement citadin je ne revois que mon cadavre sur le sol de la cuisine. Mon entourage ne remarque rien, c'est déjà ça. Mais je me sens toujours aussi seule. Mère nature ne parvient pas à me consoler complètement cette fois ci. Je dois agir et au plus vite car je me déteste. J'en veux à la terre entière de m'avoir fait subir ça, je m'en veux de ne plus aimer mon corps et de ne plus apprécier chaque instant. Je sais que la vie est quelque chose d'absolument merveilleux et je n'arrive plus à la voir !

Alors ma décision est prise : il me faut un bébé abandonné par sa mère. Je contacte une femme, et je peux passer le voir dans l'après-midi. Un nouveau sourire se crée en moi. Une étincelle se fait sentir dans mon cœur et lorsque je le vois, elle s'embrase. Je le prends dans mes bras et son regard croise le mien. C'est bien toi, j'ai vraiment besoin de toi. Cette magnifique petite boule noire est couchée sur mes genoux. Ses yeux sont vitreux, il est mal en point, tout comme moi. Il n'a qu'un mois et demi, il aurait du quitter sa mère à ses trois mois. Mojag est mon regain d'espoir. Mère nature a décidé de me remettre sur pied en mettant dans mes bras ce chiot abandonné. J'avais besoin de materner et il avait besoin d'être choyé.

À son contact, mon cœur rebat pour deux.

Par la suite, je mènerai mon combat à ses cotés. Me battant pour nous deux, nous promettant une vie meilleure.

Ainsi nous avons changé de maison que j'ai rendue fleurie puisque j'avais du arrêter la floraison de mon corps. J'ai échangé mon travail de vendeuse contre une structure en pleine nature qui allie respect et écoute des animaux. Ce travail, qui est plus difficile physiquement pour un salaire moins important me permet de me recentrer sur moi ainsi que sur cette beauté qui nous entoure. J'apprécie désormais me lever très tôt pour affronter le froid, la chaleur, la pluie, le gel et la fatigue.

Mais lorsque mon jour de travail est fini, je peux commencer ma seconde journée. Vers 15 heures, nous partons sur différents chemins en pleine nature afin de l'apprécier encore plus à sa juste valeur : magnifique, ressourçante et surtout essentielle à notre bonheur !

VOIR VENISE DEUX FOIS

Par Dariush Alizadeh K

À l'époque, je voyageais en voiture aménagée. Avec ma compagne, nous étions posés sur une plage, dans le sud de la Grèce. J'étais à côté de la voiture, quand derrière moi, dans un français très correct, j'ai entendu :

— Salut les jeunes !

C'était étonnant, je n'avais pas entendu cette langue depuis des mois. Je me suis retourné pour découvrir un grand bonhomme à l'allure sympathique. C'est certainement lui qui avait parlé, car seuls quelques chiens sauvages foulaient les galets sur la plage.

— Bonjour monsieur, répondis-je.

Nous discutâmes pendant un moment et il proposa de nous emmener en excursion. Figurez-vous que ce grand bonhomme, Éric Pinzelli, était professeur, historien, archéologue, et spécialisé dans l'histoire du Péloponnèse. Ma compagne et moi sommes tombés d'accord : on ne pouvait pas laisser passer une occasion pareille.

Quelques jours plus tard, nous parcourions les routes grecques dans la voiture d'Éric. Entre deux arrêts, pour manger ou déguster un excellent café grec, il nous désignait les vestiges éparpillés dans le paysage. Bon nombre d'entre eux n'étaient même plus accessibles. Eric avait dû jouer de la machette pour les visiter.

Finalement, nous sommes arrivés là où nous n'aurions jamais été : au bord des ruines d'un château ottoman. A l'entrée, le dernier propriétaire des lieux nous a accueilli. Il avait laissé le temps ébrécher son caveau, ses os blancs étaient bien visibles. Plus loin, sa demeure avait piètre allure.

Les autorités grecques ne restaurent pas les châteaux ottomans cari ils considèrent que ce n'est pas « leur histoire ». Nous avons visité les lieux, dépités mais heureux d'avoir dégoté un aussi bon guide.

D'ailleurs parlons-en de ce guide, parce qu'il m'a laissé une sacrée impression. Je crois que l'une des choses qui m'a fait considérer Éric comme « quelqu'un d'important », c'est son parcours professionnel. C'est quelqu'un qui a atteint l'un des plus hauts grades universitaires : celui de professeur. Mais une fois cette position obtenue, il s'en est désintéressé car ce qu'il aimait avant tout, c'était son objet d'étude. Ainsi il a quitté la France, et loué un appartement pour une bouchée de pain au fin fond du Péloponnèse. Là-bas, il gagne sa vie avec ce qu'il a de plus précieux : sa matière grise. Ses connaissances et sa passion pour l'Histoire sont impressionnantes.

Voilà l'une des raisons pour lesquelles Éric est important à mes yeux. Il a quitté l'université, comme moi ; pour vivre simplement de sa passion, comme moi ; à l'étranger, comme moi. Ce ne sont pas des décisions qui ont été faciles à prendre. Donc voir que quelqu'un, avec le statut social d'Éric les a prises, ça m'a rassuré. D'autant qu'il avait l'air bien plus épanoui que beaucoup d'autres professeurs qui m'ont enseigné.

Voilà qui m'a permis de souffler : mes choix de vie n'étaient pas des erreurs. À un moment ou à un autre, j'aurais dû passer par là. Je crois qu'Éric a été pour moi ce que l'on appelle un « père spirituel ». Malgré le peu de temps que nous avons passé ensemble, il m'a permis de tenir plus fermement le gouvernail de ma vie.

Lors de notre deuxième balade, Éric nous a emmené découvrir un petit village, typique de la région. Afin de ne pas risquer les attaques de pirates, ce petit village avait été placé stratégiquement loin de la mer, dans le giron d'une montagne. S'appuyant sur son grand bâton, Éric nous a fait découvrir ce petit village parfaitement restauré et entretenu. Une tour, typiquement grecque, avait été remise en état par des étudiants en histoire. Les églises orthodoxes bien entretenues prenaient aussi une grande place dans ce village. Nous sommes allés jusqu'à déranger une grand-mère pour qu'elle nous ouvre les temples les plus inaccessibles.

Quand Éric nous a ramené à notre campement, nous nous sommes échoués sur notre plage de galets. Nous venions de vivre le cours d'histoire le plus intéressant de notre vie. Pour cause, au lieu de tourner les pages, nous avions caressé les pierres.

Un peu plus tard, nous changeâmes de spot pour nous diriger vers un endroit conseillé par Éric. Nous n'y serions pas allés sans son avis éclairé. Il s'agissait d'une plage en croissant, avec d'un côté des marais, et de l'autre une crique. Avec Léa, nous sommes allés jusqu'au bout de cette crique pour escalader une falaise. Au sommet, se trouvait un château –français, apparemment.

Dans l'histoire grecque récente, les Grecs eux-mêmes n'ont pas l'air d'avoir joué un rôle géopolitique important. Forcément, ce château ne reflétant pas "leur" histoire, les Grecs l'ont laissé à l'abandon. Seul la robustesse des murs a permis qu'une partie de l'édifice tienne jusqu'à maintenant.

Ne pouvant plus se passer de ses élèves favoris, Éric est revenu nous chercher. Cette fois, il nous emmène découvrir une véritable forteresse. Cette dernière a abrité, un coup les Turcs, un coup les Vénitiens, en fonction de qui avait le plus de canons. Les Grecs du coin en avaient fait les frais. Un peu partout, leurs os dépassaient de la terre. J'ai moi-même découvert, avec une stupéfaction morbide, un crâne d'enfant qui traînait dans les herbes. Éric, quant à lui, mit la main sur une pipe ottomane particulièrement bien conservée. La forteresse avait beau être en cours de rénovation, les fouilles étaient loin d'être terminées.

Après nous être perdus dans les entrailles du monstre de pierre, nous en sommes partis, la tête pleine de souvenirs.

Attendez... j'ai oublié de vous prévenir ! Dans cette nouvelle, je souhaitais vous parler de trois personnes avec qui

45

j'ai voyagé. Vous venez de rencontrer la première, le professeur d'histoire. Voici maintenant la deuxième personne.

Après la Grèce, nous sommes partis pour la Turquie. Mais les Turcs n'ont pas laissé passer notre voiture aménagée. Elle appartenait à mon père et pas à moi. Intrépides, nous avons continué à pied et en bus, équipés de nos gros sacs de randonnée. C'est clopin-clopant que nous sommes arrivés dans le centre de la Turquie, à Göreme. Il s'agit d'une petite ville dont une bonne partie de la population vit dans des habitations troglodytes, c'est-à-dire qu'au lieu d'être en parpaings, leurs maisons sont creusées dans le relief avant d'être aménagées comme des maisons « normales ».

Dans cette petite ville, nous avons trouvé un hôtel pour une dizaine d'euros la nuit, et nous y sommes restés une semaine.

Tous les jours nous partions en balade. C'est lors de l'une de ces randonnées que nous avons rencontré Quéquette. Quéquette est une chienne couleur sable, qui après avoir reçu quelques caresses, s'est mise en tête de nous suivre. Certains me diront que Quéquette n'est pas une personne. Donc, que je ne peux pas l'ajouter au compte des trois personnes avec qui j'ai voyagé. Je pense simplement que ces gens et moi n'avons pas la même définition de ce qu'est une personne. Il faut de tout pour faire un monde.

Alors que nous étions encore à quelques rues de l'hôtel, ma compagne s'est rendue compte que nous n'avions pas pris d'eau. Afin que nous ne mourions pas de soif, elle est retournée en chercher. Moi, je suis resté avec Quéquette.

Contrairement à ce que je craignais, et malgré son air blasé, elle n'est pas partie. Au contraire, elle a patienté avec flegme. Je me rappelle avoir été surpris par son « expérience du terrain ». De toute évidence, Quéquette n'avait jamais porté de laisse. Elle avait appris à respecter les règles par elle-même. Quand une voiture s'est approchée, j'ai été surpris. Là ou d'autres chiens n'auraient pas compris quoi faire, ou pire, se seraient rapprochés du véhicule, Quéquette s'est intelligemment mise sur le côté. Je sais qu'elle l'a fait exprès, car la route sinueuse était délimitée par un muret. Pour prendre le moins de place possible, Quéquette a posé ses pattes avant sur ce muret pour se tenir en « position debout ». Une fois le véhicule passé, elle est revenue prendre sa place originelle.

Léa est revenue avec de quoi nous désaltérer, et nous sommes partis à la conquête des « vallées roses et rouges ». Le paysage était magnifique. La cheminée des fées est une formation géologique particulièrement dépaysante. Elle se forme quand « un gros caillou » est posé sur une terre plus friable. Autour du « gros cailloux », la terre finit par s'éroder avec l'action de la pluie. Mais ce « chapeau protecteur » tasse la terre qu'il surplombe, à tel point qu'au bout de quelques millénaires, seule une colonne, surmontée d'un bloc rocheux, subsiste. Ce genre de paysages se forme souvent dans les zones où une couche de magma s'est répandue sur une terre plus meuble. C'est ce magma qui sert de chapeau protecteur.

À travers ce paysage, Quéquette nous a fait découvrir des villages troglodytes et même une église troglodyte abandonnée. Les colonnes et les voûtes, taillées à même la pierre, étaient impressionnantes. Peut-être que nous aurions découvert ces lieux même sans Quéquette. Mais l'expérience aurait été différente. On s'imprègne bien plus d'un lieu quand on le découvre avec quelqu'un du coin. On établit alors un lien profond avec ce lieu. Plus tard, on voudra y revenir encore et encore.

Pendant le reste du séjour, Quéquette a passé ses soirées avec nous. Quand nous allions nous coucher, nous devions la repousser en douceur. Elle ne pouvait pas rentrer avec nous dans l'hôtel. Je me rappelle, quand nous avons quitté Göreme, elle nous a suivis jusqu'au bus. Elle s'est assise devant la porte, comprenant qu'elle ne pourrait pas entrer.

Si seulement nous avions eu le camping-car, ou même ma voiture aménagée de l'époque, Quéquette serait avec nous aujourd'hui. Au lieu de ça, elle me manque depuis un an. Je n'avais jamais tissé de lien aussi fort avec un animal.

Pour ma dernière histoire, nous allons revenir plusieurs années en arrière, en 2015. Je vais vous parler d'une personne qui s'appelait Anne. Je l'ai rencontrée le jour de ma conception, car elle était ma mère. Mais je ne vais pas vous parler de mon enfance à ses côtés, seulement du dernier voyage que j'ai fait avec elle.

Je venais de passer l'année la plus laborieuse de ma vie, à étudier comme un forcené. Il était temps que je fasse une pause. Avec ma mère, nous sommes partis pour Venise, et je ne l'ai pas regretté. C'est avec elle que j'ai découvert la plus belle ville du monde. Beaucoup d'entre vous ont des images dans la tête quand je dis « Venise ». Mais il faut comprendre l'histoire, comme Éric me l'a apprise, pour appréhender Venise. On parle d'une ville marchande qui a été la plus riche d'Italie. Cette ville, a été construite sur l'eau, donc je vous parle d'une ville sans routes, avec seulement des trottoirs et des canaux.

Je me rappelle du temps qu'ils nous a fallu pour apprendre à nous repérer dans cette ville. En arrivant, nous nous étions perdu : il fallait tourner à gauche au canal. Mais y'en a partout des canaux !

De fil en aiguille, à la fin de la semaine nous avions tellement parcouru Venise, que j'aurais pu y travailler comme guide touristique.

Quand je partais en balade, parfois je devais laisser ma mère à l'hôtel. Elle se sentait fatiguée. Depuis six années, elle était atteinte d'un cancer du cerveau inopérable. Les médecins ne lui avaient donné que six mois : la chimiothérapie avait fait des miracles. Vive la médecine moderne... Quelques mois après notre retour de Venise, l'état de ma mère s'est brusquement dégradé. Son corps était en rébellion contre lui-même, la médecine moderne s'est faite surpasser.

Quatre années s'écoulèrent.

Avant d'arriver en Grèce avec Léa, nous avions traversé l'Italie. Je pensais me sentir prêt et suffisamment bien accompagné pour retourner à Venise.

Mais je m'étais trompé, je n'étais pas prêt. Je n'ai pas retrouvé le goût qu'avait Venise quand je l'avais découverte avec ma mère. Je n'étais pas prêt de revoir notre hôtel -vieillot en 2015- rénové de fond en comble. Je n'étais pas prêt à me rendre compte que ma mère n'était pas à Venise. Parce que c'est quelque chose dont je m'étais persuadé pour éloigner la douleur.

Ma mère n'était plus à Venise et tout n'allait pas bien. Comprenant que je ne pourrai plus jamais avoir ce goût qu'avait eu Venise avec ma mère, je me suis assis dans le noir, sur les pavés froids, et j'ai pleuré. Quand j'ai eu fini, je me suis mouché, je me suis relevé, et je suis parti à la recherche de Léa. Parce que la vie des vivants continue.

En parlant de Léa, c'est à elle que je voudrais dédier cette nouvelle. Elle est avec moi depuis trois années maintenant. C'est elle qui donne leurs goûts à mes voyages, à tel point qu'aujourd'hui, c'est le goût que les voyages ont pour moi. Mais il ne faut pas que j'oublie que c'est faux. Ce goût que j'ai sur la langue, ce n'est pas celui des voyages, mais celui des voyages avec Léa.

alias Dariush Se Balade si l'on me cherche sur YouTube.

49

OSER TREMBLER POUR VIBRER

Par Steves Doupeux

I

Octobre 2016 - Fouesnant en Bretagne

"Ding, dong..."
Je ne le sais pas encore, mais ce bruit familier annonce un véritablement chamboulement dans ma vie. C'est la dernière consultation de la journée. Depuis deux ans, j'accompagne les personnes à se libérer des souffrances du passé, à imaginer un futur sur mesure et à se réaliser malgré les peurs, les doutes et les incertitudes.
C'est une belle journée d'automne qui se termine en Bretagne. En ouvrant la porte, la lumière dorée se faufile dans l'entrée tout en mettant la silhouette de Jeanne en valeur. Immédiatement, mon regard se perd dans le bleu profond de ses yeux. Sans trop comprendre pourquoi, je sens que quelque chose va se passer à l'occasion de cette séance. Après tout, ce n'est pas tous les jours que je reçois une dame de 86 ans.
— Bienvenue, nous avons quelques marches à monter pour nous installer dans le cabinet. Voulez-vous que je vous aide ?
— À mon âge, on ne refuse pas l'aide d'un beau garçon comme vous !
— Vous savez parler aux hommes, prenez mon bras

51

et prenons tout notre temps.

En montant les marches, nous échangeons quelques sourires et politesses. On s'installe confortablement face à face chacun dans notre fauteuil, officiellement, la séance va pouvoir commencer. Jeanne pose sa canne contre elle, lâche un soupir et me regarde.

— J'ai longtemps hésité à venir vous voir, ça n'a pas été facile.

— En quoi cela n'a pas été facile pour vous ?

Les larmes commencent à couler sur ses joues. J'ai l'habitude de voir les personnes pleurer en exprimant leurs souffrances, leurs émotions, mais décidément cette fois je sens que ça va être différent. Jeanne m'explique qu'elle a perdu son mari quelques mois auparavant, mais très vite elle ressent le besoin de clarifier quelque chose d'important pour elle.

— Cela me gêne un peu de vous le dire, car je n'en suis pas très fière. Pour vous dire la vérité, je ne pleure pas mon mari décédé. En réalité depuis qu'il est parti je me sens mieux, je dirais même que je me sens plus libre...

Je lui tends un mouchoir en papier et l'encourage à continuer.

— J'ai vécu cinquante-six longues années avec lui, tout allait bien au début, mais tout a changé très vite. Il est devenu très dur avec moi, jamais un geste tendre, jamais un mot gentil, pendant près de soixante ans j'ai été humiliée devant mes amis, ma famille, mes enfants. J'étais là pour lui, pour les enfants, la maison, mais moi je n'existais pas. Je vous passe les détails, mais c'est vrai que je suis soulagée qu'il soit parti. Si je viens vous voir aujourd'hui c'est parce que je n'arrive pas à calmer ma peine.

— De quelle peine me parlez-vous ?

— Il y a quelques jours, je me suis réveillée en pleine nuit. Je venais de faire un rêve magnifique dans lequel je réalisais l'un de mes rêves d'enfance. Je voulais voyager, explorer le monde, je voulais avoir une vie d'aventurière. C'est étrange, car en me réveillant j'étais à la fois triste et heureuse.

Lorsque j'ai ouvert les yeux, je pleurais toutes les larmes de mon corps et je n'arrivais pas à me calmer. Je me suis entendue dire : « Mon dieu, ma pauvre Jeanne, il est trop tard, c'est trop tard... » Je crois que j'ai ressenti dans mon corps ce que je savais déjà... Que je suis passée à côté de ma vie. Tout mon corps était triste, j'ai pleuré jusqu'au petit matin comme une petite fille impossible à consoler.

Jeanne était en larmes, je me suis rapproché d'elle, je lui tenais la main et lui ai proposé un nouveau mouchoir.

— J'aurais voulu quitter mon mari il y a des années déjà, mais j'avais peur de me retrouver seule, et de tellement d'autres choses encore. Nous avons eu un premier enfant et si plusieurs fois j'ai voulu partir, je n'ai pas osé de peur de les faire souffrir. Et puis vous savez, à mon époque, divorcer, c'était très mal vu. Je craignais d'être jugée, qu'on dise de moi que je suis une mauvaise épouse, ou pire encore, une mère indigne. De toute façon je ne travaillais plus, il voulait que je sois toujours à la maison. J'avais tellement peur de ne pas m'en sortir si je devais le quitter. Si je viens vous voir ce n'est pas que je suis triste de l'avoir perdu, mais parce que je suis triste de ne pas avoir vécu. Je suis bien plus proche de la fin que du début, je voudrais simplement me libérer de ce terrible regret d'être passée à côté de ma vie.

Des centaines de personnes se sont assises dans ce fauteuil en face de moi. Elles ont pleuré et m'ont partagé des souffrances à vous nouer la gorge, à vous tirer les larmes, à vous faire cogiter pendant des jours et des nuits. Mais ce jour-là, Jeanne me touchait en plein cœur. Si belle dans sa tristesse, j'avais l'impression de voir l'héroïne d'un roman dont le *happy end* n'allait pas se produire.

Nous avons accompagné la petite fille pour apaiser ce terrible regret tout en acceptant que peut-être, Jeanne n'ait plus assez de temps pour s'en libérer complètement. Lorsque j'ai fermé la porte derrière moi, j'ai attendu que sa voiture s'éloigne dans l'allée. J'ai pris une grande inspiration, j'ai fermé les yeux et j'ai pleuré.

Jeanne venait de me donner une leçon monumentale

qui sonnait comme une révélation, et me permis de connecter à ce que je crois être, en toute humilité, ma mission de vie.

Voici ce que je considère comme étant à la fois la morale de cette histoire, et la grande leçon de vie qui anime mon feu intérieur aujourd'hui :

"Les regrets sont un bien lourd tribut en comparaison du prix à payer lorsqu'il s'agit d'oser se réaliser."

En repensant à Jeanne et aussi à mon propre passé, je réalisais que ne pas avoir l'audace de faire face à l'inconfort d'une importante décision pouvait tôt ou tard entraîner un inconfort bien plus difficile à vivre : celui du regret, pire : du remords.

Ainsi, Jeanne avait une réelle volonté de quitter son mari comme d'autres ont une réelle volonté de perdre du poids ou d'arrêter de fumer, d'écrire un livre, de voyager... mais vouloir ne suffit pas, nos peurs sont parfois plus fortes si on ne sait pas comment les traverser.

Cette rencontre m'a aidé à mieux comprendre pourquoi, alors que nous sommes des créateurs et des bâtisseurs de rêves, nous acceptons un jour de renoncer à nos ambitions d'une vie heureuse et épanouie. Oscar Wilde disait : "Vivre est la chose la plus rare au monde, la plupart des gens se contentent d'exister". Cette citation m'a beaucoup inspiré car je ne veux pas me contenter d'exister.

Il y a une autre raison pour laquelle cette rencontre avec Jeanne eut un gros impact qui allait me pousser à prendre une décision radicale dans ma vie. À cette époque je lisais un livre dans lequel l'histoire de Jeanne aurait pu faire tout un chapitre. Bronnie Ware, ancienne infirmière australienne qui a travaillé auprès de personne en fin de vie, a interrogé des personnes mourantes à propos de leur histoire de vie avant qu'elles ne rendent leur dernier souffle. Avec ces témoignages, elle a écrit le livre *Les 5 regrets des personnes en fin de vie*. Le premier regret exprimé par 95% de ces personnes en fin de vie est : j'aurais préféré vivre ma vie, pas celle des autres. La rencontre avec Jeanne était un électrochoc, il ne m'en fallait pas plus malgré les peurs, et l'inconfort pour décider de tout plaquer à 45 ans et vivre la vie qui me ressemble vraiment. Je ne voulais surtout pas faire partie des 95% dont parle Bronnie Ware, mais de ce que j'appelle le club des 5%, qui peuvent se dire le dernier jour de leur vie qu'elles ont osé vivre la vie qu'elles voulaient vraiment vivre. Ce que je n'avais pas encore réalisé à ce moment-là, c'est que la transformation qui allait se produire avait en réalité commencé quelques années auparavant sur la mythique Route 66 aux États unis.

II

Quelques années auparavant - Février 2012 - Fouesnant en Bretagne

Intriguée, Caroline découpe l'enveloppe et en sort un document officiel qui l'informe que suite au décès de sa grand-mère elle va bénéficier d'une somme d'environ 6000€.

— Ma grand-mère m'avait dit qu'elle avait pris une assurance vie et m'avait fait promettre d'utiliser cet argent pour me faire plaisir, fit-elle me regardant les yeux pleins de larmes en déposant le courrier sur la table du salon.

Quelques semaines plus tard, Caroline s'interrogeait toujours sur ce qui lui ferait vraiment plaisir. Un nouveau canapé, une télé, un massage, une petite voiture... Rien ne méritait de dépenser cet héritage qui avait une valeur bien plus sentimentale que financière. Toutes les idées de dépenses lui semblaient futiles. La grande question était donc de savoir comment se faire plaisir véritablement et même durablement.

— Je n'ai pas envie de dépenser cet argent pour payer des factures, un meuble, réparer la voiture, ni même m'offrir un objet qui pourrait me faire plaisir, mais seulement dans l'instant. J'ai le sentiment que ce n'est pas ce qu'aurait voulu ma grand-mère. Est-ce que tu aurais une idée ?

— Je pense que tu n'es pas obligée d'acheter quelque chose. Tu peux aussi t'offrir une expérience ! Au fond, je crois que l'une des plus belles façons de se faire plaisir c'est de se créer de beaux souvenirs et une belle expérience, ça laisse des traces durablement.

Caroline me regarde interrogative, dans sa tête, les idées se bousculent.

— Et si on s'offrait un voyage ?! Ce serait génial d'en profiter tous les deux et de nous créer des souvenirs en amoureux. C'est décidé, nous allons voyager !

La décision est prise, mais nous restons totalement incertains sur la destination. La carte du monde est trop grande, on a l'embarras du choix, on veut tout visiter, tout voir, rencontrer le plus de personnes possible. Finalement avec beaucoup d'hésitations nous choisissons de visiter les États Unis. Ses grands espaces, sa nature sauvage, ses longues routes. Mais où atterrir exactement ? Il y a tant à voir aux États Unis !

Un dimanche matin alors que nous prenons le café tout en restant indécis, Caroline propose quelque chose qui me fait bondir de ma chaise. Une idée de génie dont la seule évocation nous faisait vibrer.

— Et si nous faisions un road trip sur la Route 66 !? lance-t-elle comme un eurêka !

Boom, ni une ni deux nos coeurs s'emballent, nous sommes excités comme des acariens au salon de la moquette. Comme des enfants le matin de Noël. Pour moi la Route 66, ce sont les années 50, Elvis Presley, le Blues, le Rock'n'roll, les voitures, les longues routes, les bandes jaunes, les parcs nationaux. Nos yeux pétillent, nos coeurs battent la chamade, ça y est, nous avons trouvé notre destination, notre aventure, la meilleure façon de rendre hommage à la grand-mère en nous créant de beaux souvenirs.

À 36 ans, le plus beau voyage de notre vie peut commencer. Pendant neuf mois nous n'avons de cesse de rêver en préparant notre road trip américain. Sur la Route 66, nous traversons les villes fantômes, on s'imprègne de son histoire et nous faisons de belles rencontres pendant trois semaines inoubliables où nous dormons chez l'habitant et en camping sauvage. 5000km de Chicago à Santa Monica puis direction San Francisco pour terminer le voyage. Grand Canyon, Monument Valley, Séquoia Park... Les milliers de kilomètres nous laissent des souvenirs impérissables. Nous n'avions pas idée à ce moment de ce qui nous attendait à notre retour en France et encore moins que notre vie allait être chamboulée.

du rêve à la réalité

Nous sommes rentrés pour retrouver nos habitudes. De retour, mais encore un peu sur la route, il nous faut une grosse semaine pour retrouver nos marques. Au fond, nous n'avons qu'une envie, celle de repartir. Le quotidien nous rattrape très vite. Le boulot, les factures, les obligations diverses et variées, nous avons retrouvé une vie « normale ».

Mais une mauvaise nouvelle arrive très vite. Caroline m'annonce qu'elle va perdre son emploi dans l'écurie où elle assouvit sa passion pour les chevaux. Heureusement elle parvient à trouver sans trop de difficulté un travail à mi-temps dans une autre écurie, mais cette fois, une écurie de course au large avec le célèbre navigateur Michel Desjoyaux plusieurs fois vainqueur du Vendée Globe.

De mon côté, juste avant de partir aux États Unis, j'avais commencé une reconversion professionnelle pour ouvrir mon cabinet en tant que relaxologue et praticien en hypnose. Pour le moment je cumule mon travail de jardinier et mes formations. Deux ans plus tard, ma reconversion est un succès, Caroline me rejoint et m'aide au développement de mon activité. Je vis d'autres aventures comme la participation à deux films documentaires. Mais au fond de moi, six ans après notre voyage aux États Unis, je ressens le besoin très fort de partir à nouveau sur les routes... Le besoin d'espace, de liberté et d'aventures nomades se fait de plus en plus pressant.

Quelques mois plus tard, je parvenais à convaincre Caroline de prendre une décision radicale et de changer de vie.

III

21 février 2018 - Fouesnant, Bretagne

— Es-tu sûre de toi ?
— Oui allez on le fait !
— Si je fais cette vidéo, on ne pourra plus faire marche arrière, tu t'en rends compte ?
— Oui je sais c'est bon, allez vas-y fais cette vidéo !
— ....

Cela fait 2 ans que je motive Caroline à se lancer dans une vie pas comme les autres. J'ai 45 ans, elle en a 39, et il est temps de vivre la vie qui nous fait vibrer. Bientôt sept ans que nous avons fait la Route 66, sept ans qu'on travaille dur et j'ai le souvenir de Jeanne encore très présent.

Nous allons oser vivre la vie qui nous fait rester en Vie. Pour nous, cela consiste à rendre les clés de la maison de 120m² que nous avons en location depuis dix ans, pour vivre et travailler à l'année dans un fourgon aménagé de 5m² et de voyager sur les routes d'Europe et même du monde.

On ne stocke rien, on vend, on donne, on jette. On part avec le strict minimum pour travailler et vivre confortablement. C'est une nouvelle vie qui démarre, une merveilleuse opportunité d'incarner le message que je fais passer à mes clients depuis quelques années et partager nos aventures nomades sur les réseaux sociaux aux personnes qui, elles aussi, veulent oser vivre une vie qui fait en Vie.

Sur le papier, cette vie me fait rêver, mais au moment de l'officialiser et de me lancer, l'autosaboteur tente le tout pour le tout pour me dissuader. Il envoie quelques peurs bien placées, comme autant d'uppercuts au plexus. Ce que je me sentais capable de faire avec une confiance absolue ces derniers mois semble se dissoudre dans un mélange de doutes, de peurs et d'incertitudes. Le sentiment de faire une grosse erreur m'envahit ! L'autosaboteur me met dans les cordes, je sens que mon cœur accélère et je ne parviens plus à stopper le flot de pensées qui me piquent comme des centaines de directs et crochets que je prends en pleine face. Cette partie de moi qui a peur aimerait que je jette l'éponge. Sous les assauts de mon ego blessé, mon cerveau émotionnel met tous les voyants au rouge. Coincé, je commence à me demander si ce projet n'est pas pure folie, un truc stupide, risqué, inconscient et immature, destiné à me faire sentir vivant certes, mais à quel prix ? Est-ce bien raisonnable ? Je vais gâcher tout ce que j'ai bâti ces dernières années.

Je suis prêt à déclarer forfait, à devenir raisonnable, j'ai tous les arguments pour renoncer.

C'est probablement à ce moment précis que j'ai le mieux expérimenté ce que j'encourage les personnes à faire pour vivre la vie qui leur ressemble vraiment : oser trembler pour vibrer. Et je vais vous expliquer comment j'ai réussi à sortir des cordes et mettre mon saboteur fou KO !

Nous sommes le 21 février 2018, sur une plage en Bretagne juste à côté de la maison. Je saisis mon téléphone et je lance l'enregistrement : « Bonjour tout le monde, aujourd'hui c'est une vidéo spéciale, dans laquelle je m'engage officiellement... Nous allons tout plaquer pour changer de vie, pour vivre dans un fourgon aménagé et travailler en voyageant... »

Voilà c'est fait, la vidéo est sur les réseaux, nous nous sommes engagés officiellement. Dans quelques mois j'aurai vidé mon cabinet de consultations en coaching thérapeutique, Caro aura démissionné de son CDI, nous aurons trié, donné, jeté, vendu tout ce que contient la maison dans laquelle nous avons vu grandir nos enfants respectifs, nous n'aurons plus de voiture, nous ne stockerons rien en garde-meubles. Nous partirons pour une durée indéterminée pour vivre dans un fourgon aménagé.

Nous sommes euphoriques, excités et nous n'avons pas idée à quel point cela va nous demander de faire face à nos peurs, aux jugements, à la critique, à l'adversité et aussi à quel point cela va renforcer notre couple et inspirer des milliers de personnes. Une fois le moment de l'annonce et le shoot d'adrénaline passés, nous sommes comme deux gamins en pleine crise de conscience :

— Putain qu'est-ce qu'on vient de faire ?!

Au moment de faire la vidéo et de la partager sur les réseaux, pris dans l'intensité du moment nous n'avons pas réalisé que Caro n'avait pas encore annoncé la nouvelle à son patron, ni même à ses parents. De mon côté, j'avais prévenu quelques clients de mon cabinet, et ma famille.

Nous avons rapidement reconnecté avec la réalité et aux défis qui nous attendaient.

Le premier pour Caro, c'était d'en parler à ses parents et à son patron. Les réactions ont été diamétralement opposées. Ses parents qui ont tourné le dos, son patron en aventurier digne de ce nom l'a encouragée.

Ensuite, nous n'avions aucune idée du véhicule que nous allions choisir. La seule chose que nous avions fixée était la date de départ : le 25 octobre 2018 date d'anniversaire de Caro qui fêterait alors ses 39 ans sur la route. Vider la maison, faire face aux peurs, aux doutes nous a très vite rattrapé et rien ne s'est passé comme prévu !

Entre le 20 février 2018 et le 1er janvier 2019 date à laquelle nous sommes partis, nous avons traversé toutes les émotions.

C'est une longue histoire pleine de rebondissements, d'apprentissages, d'enseignements, de grosses galères et de moments magiques. À l'instant où j'écris ces lignes, cela fait plus de deux ans que nous sommes sur les routes. Nous avons traversé la crise du Covid en passant par l'Espagne, le Portugal, la Belgique, l'Allemagne, la Hollande, le Danemark et traversés la Norvège jusqu'au Cap Nord pour rejoindre la France par la Suède. Nous continuons de partager nos aventures sur notre chaine YouTube.

Caroline est juste à côté de moi, nous sommes dans les gorges du Verdon dans l'attente de franchir de nouvelles frontières. L'écriture de mon livre « Oser trembler pour vibrer » est au programme de cette année. Pour tout dire, j'ai l'impression que l'aventure ne fait que commencer !

JE CONNAIS CES FORÊTS

Par Annie Demay

Je connais ces forêts par coeur. Je les ai parcourues dans tous les sens, et chaque arbre, chaque clairière, chaque sentier porte la mémoire de mes pas. J'ai une boussole dans le coeur et je peux retrouver chaque endroit qui m'a fait vibrer. Je me sens ici comme à la maison, une immense maison, un immense jardin dans lesquels je marche depuis quelques années. C'est ici que j'ai choisi de vivre. Comment dire l'amour que je porte à ce pays ? Comment décrire tout ce que j'ai vu ? Comment partager le rythme des saisons, les lumières du jour et celles de la nuit, les traces des animaux, l'odeur des arbres et de la terre, les bruits de la nature ?

J'ai parcouru chaque sentier, j'ai marché sur les aiguilles craquantes des pins Ponderosa (il parait qu'on en fait d'adorables paniers !), celles des sapins gracieux, sur les feuilles humides des chênes blancs de l'Oregon, sur les mousses épaisses, tendres et douces.

J'ai couru dans les grandes prairies, les herbes hautes, les graminées et les orchidées sauvages. Je me rappelle les nuées d'insectes s'échappant de cette mer végétale, envolée de papillons, de scarabées et d'abeilles, de sauterelles électriques. Toute cette joie habitait là, dans ces étendues verdoyantes.

Parfois, quand je marchais de nuit sous le ciel d'encre, des lucioles dispersaient leur lumière, petites étoiles échouées dans un champ de fleurs.

J'ai caressé les arbres, je connais leurs troncs, leurs écorces, leurs feuilles qui s'agitent. Je peux les reconnaitre au bruit dans leurs branches.

Je me suis appuyée sur tant d'entre eux, j'ai regardé la vie sur le tronc lisse des bouleaux, sur celui plus rugueux des cèdres rouges et des pruches de l'Ouest, sur celui des thuyas géants, immenses et verticales autoroutes vers le ciel. Je me suis reposée à leur pied, sous leur ombre et j'ai senti la vie qui palpitait.

Je me suis écorchée sur les cailloux des sentiers, certains acérés comme des couteaux, j'ai glissé sur des pentes pierreuses, des éboulis bordant des ravins, j'y ai laissé mes empreintes et l'odeur de ma peur.

J'ai enduré des froids si intenses que même le coeur des pierres éclatait. Des pluies si violentes que de profonds sillons se creusaient autour des racines des grands arbres. J'ai connu des étés au souffle plus brûlant que la fièvre d'un brasier.

Je me suis allongée sur des roches tièdes et j'ai regardé passer le temps et les nuages.

Je me suis baignée dans des rivières, je me suis rafraichie sous l'eau des cascades, j'ai bu au creux des rochers. La rivière m'a offert de quoi me nourrir, des truites étincelantes, des saumons bondissants. Et sur les rives, entre les mousses et les fougères, j'ai pu observer l'escargot-forestier, la salamandre et le crapaud boréal.

Ici, tout est abondance. Le miel comme la grêle. La nature t'apprend à accueillir et à remercier. Chaque être vivant a sa place, chaque feuille, chaque fourmi, chaque cerf. Nous sommes tous reliés et nous participons chacun à la beauté du monde.

Pour l'instant, je regarde en contrebas la minuscule maison perdue dans la neige. Quelques bûches dehors, un pick-up. De la lumière derrière la petite fenêtre. Une odeur de pain flotte dans le brouillard.

Je connais l'homme qui vit là. Il s'appelle Florent. Je

l'ai parfois observé. Il fait partie de mon territoire et je sais que nous respectons chacun ce bout de terre quelque part sur Terre.

J'ai mangé les dernières baies il y a plusieurs jours déjà.

Je vais bientôt me retirer dans une grotte cachée de tous.

Au printemps, je donnerai la vie.

Je suis l'Ourse noire de Colombie Britannique.

JOURNAL DE BORD D'UN (FUTUR) VOYAGEUR CONFINÉ.

Par Fabrice Amello

Et tout s'arrêta.... un jour de Mars 2020.

JOUR 1 - À demi maux

C'était un monde où tout allait très vite, où tout était éphémère, standardisé, à portée de main. Un claquement de doigts, un clic du pouce et la surabondance était instantanée. Un monde où l'essentiel n'était plus l'essence de nos vies, mais où la virtualité guidait nos sens et nos envies.

Un monde tellement oppressant par son omnipotence que le réel était finalement devenu virtuel. Un monde où le voisin n'était plus qu'un "autre" pixélisé. Un monde où les valeurs matérialistes étaient élevées au firmament de notre subconscient, dépassant la conscience de l'être par le paraître.

Ce monde était le nôtre, le seul et unique, mais n'était juste perçu comme une corne d'abondance. Un filet de certitudes coulait sans cesse, devenant notre oxygène de vie fatalement anxiogène. Mais voilà que cette immensité n'était finalement tenue que par un mince fil ténu. Il aura fallu que l'infiniment petit en vienne à le lézarder pour que nous percevions enfin l'absurdité de nos certitudes.

Voilà notre monde ralenti de façon permanente, découvrant ses multitudes, ses complexités, ses hésitations, son silence. Un silence assourdissant allant jusqu'aux tréfonds de notre âme pour se réveiller de sa torpeur. Un silence brutal et salvateur... Et après quelques pas d'hésitation, l'être virtuel s'éteignit et donna naissance à un monde immédiat sans fards, sans protections.

Il n'est jamais trop tard pour percevoir les capacités exceptionnelles et optimistes de cette transcendance mise à rude épreuve car c'est dans notre quotidien transformé que l'espoir d'un monde plus juste pourra l'éclairer.

JOUR 2 - Métamorphose 1

Aujourd'hui j'ai exploré mon jardin. Ça me fait penser que je dois nettoyer mon potager. Je me suis aperçu que je n'étais pas seul. Deux écureuils se chamaillent dans les pins. Il est marrant de voir cette faune féroce au travail. Je me ferai un devoir de les observer chaque matin.

J'ai beaucoup de procrastination à rattraper. Je vais devoir mettre de côté mon *Bearlingo* (le surnom de mon van) pour les beaux jours. Par contre j'ai des tonnes de choses à jeter, de la paperasse qui s'est accumulée au fil des ans. Je vais aussi faire un réaménagement de mon espace de vie pour le maximiser. Mettre à profit mon temps libre pour me recentrer sur moi et mon bien être.

Déjà, éteindre la télé.

C'est incroyable comment vous vous sentez mieux quand votre mental n'est pas accaparé par de multiples distractions futiles.

Faire de l'exercice physique. Observer la nature environnante. Écouter. S'écouter. Prendre soin de sa famille, ses amis et ses voisins. Je crois que je vais finalement remplir mon temps d'occupation. Ah ! Et j'oubliais : ne pas consommer trop pour faire quelques réserves et ne pas encombrer les magasins. Je me rappelle de cette recette de pains burger. J'en ai l'appétit qui vient. En attendant, il y a ce livre de mille pages que je dois finir et quelques CD qui rouillent à écouter. Je me faisais la réflexion hier. On achète, on accumule des choses que l'on n'utilise quasiment pas, sûrement pour se rassurer comme si ces objets étaient humains. J'aime bien aussi écouter le silence, ce silence qui avait disparu. C'est sur pour l'instant c'est assourdissant et violent de repenser mes gestes quotidiens mais les réflexes léthargiques, conséquence du mode de vie facile dans lequel je m'étais fourré, m'avaient fait oublier d'occuper l'instant. Il faut toujours faire et se défaire, mais ces derniers temps, le faire m'oblige au détriment de l'instant présent. Mais bon je m'égare. Il faut maintenant que je mette en place tout cela.

JOUR 3 - Métamorphose 2

Avez-vous remarqué ces petits bruits que d'habitude nous ne percevons pas et qui pourtant sont bien présents ? Les oiseaux qui se posent dans un battement d'ailes, les grenouilles, les petits craquements de pattes à la recherche de nourriture. C'est aussi cela la réoccupation par la nature de l'espace et même à la campagne c'est difficile. Un bruit « naturel », quelle redécouverte ! J'ai l'impression que les multiples décibels de mon quotidien me rendaient sourd.

Quand j'y pense, j'ai la tête remplie de sons que je déteste... Tiens, un écureuil vient m'interrompre... Le silence des voitures garées partout me fait penser aux temps révolus de mes grands-parents ou arrière-grands-parents quand exceptionnellement, un véhicule arrivait dans le village et que cela attirait un attroupement. D'ailleurs, regardez les anciennes cartes postales où quand un photographe prenait des clichés, tout le monde se rassemblait comme pour immortaliser cette communion d'artisans, d'écoliers, gendarmes sur leur trente et un, et marchands en tous genres.

J'ai hâte d'aller randonner dans les forêts où je ne suis jamais allé, cette rivière, ce lac et ces montagnes. Qu'est ce que nous pouvons être agglutinés dans des espaces froids, les villes, les centres commerciaux qui envahissent et cloisonnent, qui éloignent et rendent schizophrène pour des générations futures. Allons-nous opérer un changement, un revirement de ce bric-à-brac non-essentiels ? On nous met des barrières de sécurité, une distanciation sociale et comme par magie, on se met à prendre soin de l'autre, on pense à toutes ces petites fourmis invisibles qui font tourner notre société. Et cette antinomie qu'est la « distanciation sociale »...

Il nous est imposé de mettre à distance dans un moment où l'on veut le plus se retrouver, se rapprocher, se toucher, montrer l'amour de l'autre, ne pas se sentir seul et on doit –c'est une certitude non équivoque– rester à distance. En sortirons-nous grandis ? Je ne sais pas mais ce qui est sûr, c'est que certaines choses devront changer totalement, entièrement. Regardez la nature, écoutez la, elle vous le rendra au centuple.

JOUR 4 - Étoiles, espoirs

Sur ma terrasse se dessine un amas d'étoiles qui se découvrent au fur et à mesure. Le ciel paraît plus clair, plus propre. J'ai l'impression d'être sur un bateau avec ce confinement. Il y a chez moi et tout autour une immensité pleine d'inconnus où l'on ne sait pas ce qui nous attend mais il faut avoir confiance. C'est dans ces moments de vérité que se révèle la fragilité de la vie si vite oubliée par tant d'inconsciences et de choix imparfaits.

Mais l'espoir est toujours en nous, nos interactions feront que demain sera à nouveau joyeux et propice à un retour à la légèreté. Cette insouciance qui nous fait tant défaut.

A-t-on pris conscience de ce qui se trame ? En tout cas mes deux écureuils, non ! Parfois je regarde dehors, tout près de cet ailleurs attendant un mouvement, une lueur qui viendra j'en suis sûr. J'en reviens donc à ce ciel. Tellement invisible et immense, opaque. Là, au-dessus de nos têtes et en même temps inexistant et insaisissable. Prenez ce temps d'observation, plongez-vous dans cet univers. En fait je crois qu'en observant l'univers étoilé, on s'observe, ou plutôt, on observe notre rapport à nous-même. On élargit notre territoire.

Le ciel a une vertu libératrice. Rien de violent (à part une météorite) ne nous sera renvoyé. Ce mouvement des planètes, des étoiles, des nuages, le vent dans les arbres continue sa trace à l'impact immuable sur nos pensées fugaces. Alors qu'à contrario, nos véhicules et matériels de toutes sortes se figent.

Quand je pense que cette année devait démarrer mon projet tant attendu, d'explorer les merveilles de la France. Je viens d'acquérir un mini van pour partir sur les routes. Ce n'est que partie remise. Demain est déjà là avec toutes ses promesses.

JOUR 5 - Éloge de la patience

Petit à petit, dans l'urgence puis dans le tâtonnement et la résilience, je m'adapte. Il faut laisser le temps faire son œuvre. S'imprégner du sens des choses, des priorités. Pourtant tout est encore à disposition mais ma propension à dramatiser ne doit pas prendre le dessus.

Accepter la lenteur n'est pas inné, cela s'acquiert avec délicatesse par expériences successives, dans l'obligation d'attendre son tour.

Faire la queue n'a jamais été aussi impératif pour garder cette distanciation et ces barrières. Je réapprends à ne pas passer devant l'autre et miracle comme lorsqu'on attend, l'on se parle. Je ne suis plus un consommateur obnubilé mais un simple quidam attendant sa pitance. Au fil du temps qui passe, et il passe, la rapidité d'accointance qui nous lie si vite rend cette lenteur agréable. Ralentir avec excès et ralentir vite car notre société a appris, forcée, à tout faire vite. Drive. Ubérisation. Digitalisation... Tout est devenu service primordial. Ce ralentissement forcé incite à se libérer de la conscience palpable, propice à faire des choix de l'instant.

Nous nous adaptons mais n'avions nous pas déjà au fond de nous cette patience ? Une vertu qui sauve car dans la précipitation point de salut. La patience est qualité essentielle face à une situation tendue. Plus nous nous mettrons en ordre de marche vers cet éloge, plus facile notre quotidien sera à affronter ou à transformer cette période délicate en un moment de tranquillité et de réciprocité.

Mais la patience et son corolaire l'impatience ne font pas bon ménage surtout si l'on regarde les informations incitant à la parano et le chacun pour soi. Garder l'essentiel pour se tenir au courant, c'est un éternel équilibre par les temps qui courent.

La force est dans la maîtrise du temps, du recul nécessaire et de la réflexion à des événements urgents qui nous imposent une réponse rapide alors que le temps nous manque. Chaque geste, chaque décision compte.

JOUR 6 - Silence

Chaque soir je sors, attiré par ce bruit qui ne s'entend pas. Imperceptible et inconnu. Plus d'activité, plus de rondes incessantes. Je suis comme électrisé sous le coup d'un choc que je n'ai jamais connu. L'arrêt de tout. J'imagine les animaux. Ont-ils la perception de cette immobilité ? Qu'adviendra-t-il de nos espaces naturels ? La réappropriation doit être immédiate. L'impact humain a été tellement fort.

Ce silence. J'en allumerai presque une bougie pour me retrouver instantanément avant le temps de l'électricité quand la moindre lueur était vie.

Où sont les avions qui inlassablement tracent des lignes dans le ciel. Le filet continu de voitures et la rue vide de tous, vide de tout.

Il faut aussi apprendre à accepter le silence. Quand notre oreille s'accapare tout l'espace sonore. Le silence c'est s'abstenir de parler, mais si on ajoute l'absence de bruit, de sons indésirables, c'est une expérience que nul n'a jamais connue. On dit que le silence est d'or. Il permet d'écouter, d'observer. N'est-il pas la réponse de la nature à notre indiscipline permanente ? Nous n'écoutons pas. Celle-ci peut être nous le rend... Chut !! Faites silence, je ne vous ai rien dit téléphone en mode silencieux ... et comme le silence est « dors » je m'en vais me coucher.

JOUR 7 - Solitude

Sommes-nous seuls quand l'inactivité nous menace, ou l'inactivité vient-elle à nous du fait qu'on s'imprègne de cette solitude ? Est-il pesant d'être seul, est-ce subi ou recherché ? La solitude est pesante quand on cherche à l'éviter et écrasante si elle perdure. Subie quand on croit être entouré alors que ce ne sont que sables mouvants. Recherchée quand elle est spirituelle.

Je suis dans cet état. Je vois votre question. Écris-tu pour ne pas la ressentir ou pour évacuer l'angoisse du quotidien ? Ou simplement car c'est justement le moment de s'y adonner ? Le confinement peut être source de solitude.

Étant de nature tactile, réciproque et urbain, l'humain éprouve une étrange sensation quand la solitude se trouve amplifiée car quel défi que de rester au milieu de tous et respecter des barrières de sécurité ; forme de solitude que de s'éloigner de l'autre, nous autorisant la recherche de soi-même.

Autant le silence est un fait intangible et nécessaire, autant la patience nous enrichit, alors que la solitude est un acte déterminé par des conséquences de notre histoire personnelle. Jamais nous n'avons été seuls véritablement et d'ailleurs pourquoi cela arriverait ? J'aime beaucoup cette phrase de Sylvain Tesson *dans les forêts de Sibérie* : « La solitude est une patrie peuplée du souvenir des autres. » Y penser console de l'absence. Après une semaine on l'accompagne, on l'écoute. Elle apparaît au gré de la journée, de la nuit et disparaît quand notre conscience est distraite. À 20 heures chaque soir retentit, sonne, éclate cette envie d'exister à travers l'autre, de repousser cette solitude. D'abord par toutes ces bonnes personnes qui œuvrent chaque jour pour sauver des vies et parce que la solitude permet aussi à chacun de se rappeler qu'il y a quelqu'un d'autre à côté.

Que ce vide habituel forgé par nos mondes virtuels n'est finalement pas notre destinée. À s'éloigner la solitude, on rompt la marche en avant de notre avenir commun. À trop s'en approcher, on distend nos relations. Tel Robinson Crusoé sur son île les effets néfastes que la solitude engendre ne sont que confusion entre rêve et réalité. En perdrons-nous l'usage de la parole ?

DE DAKLA À NOUADHINOU

Par Philippe Lumeau

Lundi 11 novembre 2019. Du côté de Dakhla, Maroc.

J e suis réveillé vers six heures et quelques. Petit déjeuner et routine du matin. Ma décision est prise je vais essayer de passer en Mauritanie aujourd'hui. Normalement je devrais être à la frontière vers midi. Après, *inchallah*.

Départ à 7h20. La première chose que je dois faire c'est le plein. J'ai repéré une pompe à l'embranchement sauf que quand j'arrive, elle est fermée. Deux autres se trouvent dans les 40 à 80 kilomètres qui suivent. Mais ces deux-là aussi sont fermées. Au passage d'un contrôle routier, j'apprends qu'elles n'ouvrent qu'à 9 heures et que la suivante est à 160 kilomètres. Il me reste plus de 200 kilomètres d'autonomie, je tente le coup. Même si la route traverse des paysages sublimes et complètement déserts, je demeure un peu inquiet pendant tout le trajet. J'espère ne pas tomber en panne d'essence.

Le lever du soleil est grandiose dans ces paysages et la circulation des plus réduites. En 200 kilomètres, je croise quatre véhicules, j'en double deux et me fait doubler deux fois aussi. Il n'y a pas foule. Du coup, je suis pris par mon problème de plein et j'espère que la dernière station avant les 80 derniers kilomètres sera ouverte.

Ouf ! Elle l'est... C'est un peu bêta de ma part, car je n'ai pas profité de la grandeur des lieux comme ils le méritaient. Je fais le plein, plus de soixante litres. J'étais sur la réserve. Achat de pain et de clopes, je ne sais combien de temps je vais être bloqué à la frontière mais je m'attends à tout. À la station, des véhicules de l'ONU sont sagement garés, facilement reconnaissables avec leur logo « UN » sur un fond blanc. Une quinzaine de camions sont stationnés et pas mal de voitures. Une vingtaine d'Africains attendent. Je ne sais pas ce qu'ils attendent, mais ils attendent.

Je suis rassuré et je descends vers Guerguerat. Le long de la route, des écriteaux indiquent la présence de mines... Je ne jouerai pas à m'aventurer hors de la route. Le vent de sable est toujours là et les dunes se font de plus en plus présentes, si bien que même des dunettes se forment sur la route.

À Guerguerat je ne trouve qu'un village fantôme, plus ou moins une garnison militaire. Heureusement que je n'ai pas attendu d'être ici pour faire le plein et les courses. En quelques kilomètres, je suis au poste frontière marocain. Il est midi. Maintenant commence une autre histoire...

Côté marocain, il y a des dizaines de camions qui attendent. À tout hasard, je double les camions et je me gare devant la douane. Je passe d'abord au contrôle des passeports et, surprise : pas d'attente, c'est réglé en trois minutes. Pour la douane et les papiers du véhicule, c'est à peine plus long. Le temps d'avoir encore deux ou trois contrôles de mon passeport et de la carte de sortie de la voiture et je me retrouve de l'autre côté, dans le *no man's land*. Je n'ai pas donné un seul bakchich malgré une demande pour une pochette de crayons de couleur qu'un douanier a trouvée. Je n'ai pas voulu céder et du coup il n'a pas insisté.

Une fois ce poste franchi, un autre monde commence. Cinq ou six gars me proposent de m'aider à passer les quatre kilomètres qui me séparent du poste mauritanien. Je refuse poliment. Cela dit, il est vrai que ça peut effrayer à plus d'un égard. D'abord, la file de camions qui attendent de passer, les migrants qui tentent de passer au Maroc, un grand nombre d'épaves de voitures qui jonchent les lieux. Et j'en comprends la raison lorsque je commence à rouler passé le bitume. La piste ne fait que deux ou trois kilomètres mais elle est défoncée, c'est soit du sable soit des cailloux et pas des petits. Je crains pour mon Fiat mais il tient le coup.

Quelques voitures prennent l'option sable, plein pot, sans ralentir. Un poids lourd prend l'option cailloux. Je fais un mix des deux. Je suis content d'avoir pu passer sans encombres. Je respire. Cent mètres avant le poste mauritanien, c'est la même chose que du côté marocain : un, puis deux, puis cinq ou six gars me proposent de faire les démarches pour moi. Je refuse poliment même si ils insistent. Je reste courtois, poli, mais ferme.

Je suis les instructions d'un policier mauritanien qui me dit par où commencer. D'abord, un premier bureau pour contrôler mon passeport. Deuxième bureau pour obtenir le visa. Là, c'est un peu plus compliqué. Les gars qui attendent pour "aider" les voyageurs viennent constamment apporter des passeports au fonctionnaire en charge d'établir les visas. Je ne cède rien et finalement il me prend au bout d'une demi-heure. Avec moi se trouve un Sénégalais qui n'arrête pas de se plaindre et qui mettra beaucoup plus de temps que moi. Prise des empreintes digitales, photo, 55 € et je me retrouve avec mon visa.

Maintenant, la douane. Et surprise... mon calme me permet de passer rapidement sans attendre. Je paye 10 € pour le passavant, sésame qui me permet d'entrer en Mauritanie. Contrôle de Starti par un jeune douanier qui porte le chèche comme tout le monde ici. Il me demande si je transporte de l'alcool. La Mauritanie est une république islamique et l'alcool y est strictement interdit. Enfin en théorie. Puis au tour de la police. Le policier me demande si je n'ai pas des médicaments contre la fièvre ou des cadeaux pour les enfants, ce à quoi je réponds négativement. Même si c'est le cas, mais je ne vais pas lui dire. Le temps de payer une taxe de séjour (sic) de 1 € que je paye en dirhams et me voilà du côté mauritanien.

Je trouve un distributeur de billets pour retirer ce que je pense être l'équivalent de 100 €, puis je passe chercher une assurance pour vingt jours, 35 €. Une carte téléphonique pour le minimum et surtout pour 3 Go d'Internet que l'épicier me charge et c'est tout bon. Il est 14h30 heure marocaine, 13h30 heure mauritanienne. C'est inespéré. Je m'attendais à rester planté des heures mais tout s'est bien passé. Je suis resté le plus zen possible et je crois que ça a joué en ma faveur. J'avais prévu de me faire à manger si ça avait duré, mais je n'ai même pas eu le temps. Le Sénégalais qui est arrivé avant moi sort bien après. Sa tchatche ne l'a pas aidé apparemment.

Route Nouadhibou. D'abord, à 200 mètres du poste frontière, nouveau contrôle des douanes. Et rebelote à deux kilomètres de là comme si j'avais pu rentrer des marchandises en fraude en si peu de temps. Et entre la frontière et Nouadhibou, deux contrôles de police. Les policiers ne demandent pas les papiers mais les fiches, celle sur mon identité, numéro de passeport, etc. et celle du véhicule. Ça dure deux minutes mais encore faut-il savoir qu'on a besoin de préparer des fiches. J'en ai trente pour la Mauritanie et autant pour le Sénégal, j'espère que ça suffira.

La conduite mauritanienne ne donne pas vraiment le temps de réfléchir. Ici, les feux rouges sont rarement respectés, mais je ne connais pas les règles. Les vieilles Mercedes qui circulent semblent être des épaves venues du Maroc après 3 millions de kilomètres et remises en état de rouler comme elles peuvent ici. D'ailleurs, à chaque contrôle et au camping, tout le monde me demande si je ne vends pas mon Fiat. Non, non...

J'arrive un peu après 14h heure locale au camping de la Baie des Lévriers, chez Ali. Je suis le seul client non mauritanien. Pas de problème. Il y a un coin à l'ombre pour mettre la voiture et une grande pièce commune. Ça me va. Il est 16h. J'ai eu ma dose d'émotions pour aujourd'hui, je suis content.

Je suis en Afrique et ça n'a rien à voir avec le Maroc. Pas seulement pour la chaleur, 31°C à l'ombre... Mais ce qui surprend aussi est le bruit des voitures, des gens, les klaxons surtout. Et en parlant de voitures, une chose est certaine : le contrôle technique ne doit pas exister ou alors le bakchich fonctionne à fond. Je suis un peu effaré de voir rouler ces épaves sur la route, comme si ici se trouvait le rebut de nos casses.

Quand je pars pour une petite excursion, c'est la sortie de la mosquée et les boutiques alentours rouvrent après la prière.

Les hommes que je vois sont habillés de deux façons. Il y a ceux qui sont vêtus de gandouras blanches ou bleues brodées richement et de chèches façon Touaregs, et il y a ceux qui font plus penser à l'Afrique subsaharienne, plus noirs de peau, et habillés à "l'européenne", tee-shirt et jogging. Pour les femmes, même chose : il y a celles qui s'habillent façon marocaine et sont voilées et celles qui portent le boubou sans rien sur la tête.

Hommes et femmes fument dans la rue. Les vendeurs de cigarettes à la sauvette sont légion, comme ceux qui vendent des cartes téléphoniques, des smartphones de contrefaçon, des montres, des lunettes... Plus exotiques, je vois aussi des commerces tenus par des Chinois avec des devantures en mandarin et plein de quincaillerie à l'intérieur. Je trouve aussi des vendeurs de légumes et je m'achète de quoi faire plusieurs repas, légumes et fruits.

Une nouvelle fois, je me fais avoir avec la monnaie locale. Ils parlent en anciens ouguiyas ce qui fait dix fois plus que la valeur réelle. Compliqué, mais je vais m'y faire. En attendant j'ai payé 70 ouguiyas soit 1,75€ pour deux kilos de fruits et légumes dont un avocat qui a été pesé à part. J'ai besoin de me poser au calme avant de pouvoir ressortir. Ça fait beaucoup en même temps. Surtout après le stress de la matinée avec le gasoil et le passage des frontières, j'ai ma dose.

Il est 17h40 locales, une heure de moins qu'en France et au Maroc. Douche très chaude. Même la blatte qui a élu domicile dans le bloc sanitaire a l'air d'apprécier. La propreté laisse à désirer mais c'est quand même agréable de pouvoir se doucher.

Je passe du temps à préparer mon repas : pâtes avec sauce tomate accompagnée des légumes achetés en ville. C'est bon.

Il est 21h passées. Prêt à aller me coucher pour d'autres aventures.

J'ai 62 ans au moment de cette journée du 11 novembre 2019. Ma Bretagne d'origine est loin. Voilà deux ans qu'à bord de mon Fiat Doblo aménagé, je sillonne l'Europe, l'Afrique et l'Asie du Sud-Est. Demain sera un autre jour.

LES RANDONNEURS DU FUTUR

Par Denise Lepage

Il avançait allègrement avec d'interminables jambes musclées par ses longues marches quotidiennes. Le visage doré par le soleil, Samuel affichait l'air d'un absent, la tête dans des nuages de visions que lui seul pouvait apercevoir. Pas si étonnant après tout, vu le caractère particulier de l'aventure qu'il avait mis des mois à minutieusement préparer.

Ce matin-là, comme souvent lors d'un nouveau trajet sur le « Camino » de Compostelle, un autre scénario se présenta à lui. Sans crier gare. Sans avertissement. La seconde d'avant, il était pleinement conscient qu'il mettait un pied devant l'autre sur ce sentier plein d'imprévus, qu'il apprenait sans cesse à apprivoiser, et, la seconde d'après, il se retrouvait dans un autre univers.

Voici ce qu'il m'a raconté...

Je suis sur le point de croiser deux randonneurs. De loin, un homme blond, très grand, presque géant à côté de l'autre qui paraît bien petit, mais qui de près, est aussi grand que mes six pieds. Dans la jeune trentaine, ce dernier avance d'une façon si élégante et fluide qu'on le croirait glisser sur des eaux invisibles.

C'est lui qui m'adresse la parole en me tendant amicalement la main.

- Je suis Michael et voici Simon.
- Samuel, dis-je d'un léger mouvement de tête en signe de présentation.

Comme si ces deux jeunes gens appréciaient déjà ma

compagnie, les voilà qui changent de direction pour poursuivre notre conversation. Je remarque que Michael est le meneur. Simon, visiblement plus jeune, à peine sorti de l'adolescence, boit ses paroles et acquiesce à ses propos par des signes appuyés de la tête et du regard.

Ce qui attire le plus mon attention, c'est le vocabulaire qu'utilise Michael. Il parle « d'êtreté », de « fraternité », de « paix »... Tout en s'arrêtant à plusieurs reprises en dardant son regard dans le mien, comme s'il en sondait les profondeurs.

- De quelle planète es-tu donc ? que je lui demande, un sourire en coin, intrigué.

- De la même planète que toi, qu'il me répond, avec le même sourire. Mais pas de la même époque, poursuit-il, énigmatique.

- Tu veux rire...

- Oui et non. Toi, tu es là, en ce moment, au début du 21ᵉ siècle tandis que moi, je viens de la fin du 22ᵉ siècle. Plus précisément de l'an 2194.

- Tu te moques de moi, que je bafouille un peu ébranlé en lui assenant un coup d'épaule (à hauteur de son coude à lui) sur l'étroit sentier de marche.

Je suis un peu intimidé par ce grand gaillard qui me regarde du haut de ses huit pieds et demi.

- Je suis tout à fait ce qu'il y a de plus sérieux, Samuel. Je t'avoue même que je t'observe depuis quelque temps.

- Comment peux-tu m'observer, puisque c'est la première fois que nous nous rencontrons ?

- À partir du futur, nous avons une façon spéciale d'aborder notre étude des gens de ton époque. Je fais partie de l'équipe de « rectification ».

Me voilà de plus en plus fasciné. Moi qui ne me suis jamais senti tout à fait chez moi dans cette drôle de société avec ses bizarres lois qui ne font que restreindre et contrôler les individus, je suis agréablement surpris – et pourtant pas tant que cela – qu'on vienne du futur de la terre pour observer le chaos dans lequel on s'est fourré... et peut-être arriver à y mettre de l'ordre.

- Ce n'est pas à nous de corriger le désordre, continue Michael, comme s'il avait lu mes pensées, nous vous donnerons les outils et ce sera à vous d'agir...

- N'est-il pas un peu tard pour réaliser cela ? Les scientifiques sont dépassés, les gens en ont marre, certains se comportent comme des zombies, les jeunes se suicident, la terre se meurt... Dans quelques années, la pollution aura bouffé ce qui reste d'habitable.

- Justement. Nous savons qu'il y a urgence. C'est pourquoi nous contactons des individus capables d'effectuer les changements nécessaires.

- Es-tu en train de dire que c'est ce que tu attends de moi ?

- En quelque sorte, oui.

- Pourquoi moi ? J'ai fait plusieurs tentatives de suicide, et régulièrement, il me vient des idées de m'en aller, d'en finir avec cette vie absurde.

- Précisément pour cette raison, Samuel. Tu remplis toutes les conditions. Tu es resté intègre dans ce qui a été profondément ancré en toi. Tu vois clairement les absurdités. Le mensonge t'horripile, tu ne laisses personne influencer ta vision des choses, tu es resté pur dans ta façon d'être. De par ces caractéristiques, tu as déjà créé beaucoup de bouleversements autour de toi. Tu as « dérangé », comme tu l'as souvent entendu, et tu continues à le faire allègrement.

- Je croyais que je faisais fausse route. Je me sens mal dans ma peau, car le « rebond » n'est pas du tout agréable. Ma vie n'est ni plus ni moins qu'un désastre.

- Il n'en est rien, Samuel. Rappelle-toi ce que tu as déjà lu quelque part : « Les choses ne sont pas toujours ce qu'elles semblent être ». Alors que tu te crois sur une mauvaise voie, nous sommes heureux que tu agisses de la sorte, car tu prends ainsi part aux véritables prémisses d'un profond changement : secouer les croyances erronées, les habitudes cristallisées, les fausses certitudes... Cette déstabilisation permet aux esprits d'ouvrir une brèche.

- Facile à dire. Je n'en reçois pas moins les contrecoups, qui me déstabilisent moi-même. On voit bien que ce n'est pas toi qui vis ce que je vis ici. Je suis sur le point d'être 'fiché' comme « malade mental ».

- Je sais. Sache que moi aussi, j'ai déjà vécu cela à certaines époques de mes incarnations. Notre équipe de rectification connaît ta souffrance. Nous t'avons d'ailleurs insufflé des diversions pour t'en libérer un peu. Nous avons mis sur ton chemin des opportunités variées, des personnes clés, des relations d'âme...

Je reconnus ma fleur d'amour, ma confidente privilégiée, mon âme sœur, ma compagne de l'heure, laissée derrière moi, car elle ne pouvait pas suivre ma cadence de marche. Je ressentis une immense gratitude.

- Et puis, poursuit Michael, est arrivé le moment que nous vivons aujourd'hui, à ton époque. Je viens de te dire que nous t'avons choisi car tu as le profil idéal, mais tu n'es pas encore prêt pour la mission qui t'est réservée.

- Là, je ne te comprends pas. Tu dis que j'ai été choisi, que je possède toutes les caractéristiques, et tout et tout. Je me sens prêt, moi, à m'en aller d'ici. Emmène-moi avec toi dans ton futur.

- Je sens ton impatience, cher ami, mais laisse-moi te dire que je ne puis t'emmener avec moi dans mon époque. Disons que tu y viendras... par toi-même. Autrement. Mais pour cela, tu as besoin d'une petite mise à jour. Il y a des prérequis. Comme à l'école.

- Des prérequis qui ressemblent à quoi ?

- Nous allons te donner quelques outils et un comprimé de rajeunissement autant de fois que nécessaire. Tout cela pour que tu puisses avoir le temps d'effectuer les ajustements indispensables dans tous tes corps.

- Chouette! Je vais pouvoir passer de 45 ans à 20 ans?

- Disons qu'il serait préférable pour toi de maintenir

l'apparence d'une trentaine d'années au moins, si tu veux être crédible dans tes projets et réalisations.

- Que vais-je faire avec ce désir qui me hante depuis si longtemps ? J'espère tellement que mon temps s'achève pour m'extirper de cette vie au plus vite. (C'est bien trop vrai, ça me hante encore, même en ce moment)

- Ce désir deviendra vite obsolète, Samuel. Il va s'estomper avec la nouvelle vie que tu vas très bientôt sentir en toi. Crois-moi, tu vas vraiment « vouloir » vivre.

- J'ai bien hâte de voir ça. Ne le prends pas mal, Michael, si je te dis que je le croirai quand ça m'arrivera. J'ai du mal à me projeter dans cet avenir que tu me fais miroiter depuis que tu as commencé à parler.

- Tu vas être trop occupé pour même t'apercevoir des changements qui surviendront, l'ami. En quelques mois, tu auras rajeuni et intégré assez d'énergie nouvelle, ainsi qu'une purification suffisamment élevée, pour que tes corps soient imprégnés des nouveaux codes aptes à contenir la sagesse essentielle à ta mission.

- Ça veut dire que je ne peux définitivement pas aller dans le futur avec toi ?

- Je dois te répondre que non.

- D'après ce que tu viens de me décrire, il semble que je me sentirai encore plus seul. Je n'aime pas implorer, mais... s'il te plaît, ne me laisse pas tout seul avec ce que je sais maintenant.

- L'un de nous va rester avec toi, dans ton époque, pour s'assurer que ta formation se complète jusqu'à ton entière autonomie.

- J'aimerais bien que ce soit toi, Michael.

- Eh bien soit. C'est moi qui serai là pour toi. Tu me rencontreras de temps à autre, comme aujourd'hui, lors de ta randonnée quotidienne. Et puis j'ai toute une équipe qui m'accompagne. Alors, tôt ou tard, tu croiseras l'un ou plusieurs d'entre nous, comme autant de nouveaux amis. Tu n'es pas seul, Samuel, tu ne l'as jamais été.

- Humm... Une chance que j'aime marcher... Ça vaut le coup. D'accord, Michael, je marche dans ta combine.

Le scénario de Samuel ne parle pas de ce qu'il a fait du chaos dans lequel le monde est plongé, ni comment il s'est sorti du désespoir. Mais je le connais suffisamment pour faire confiance à son esprit. Un petit coup de pouce de l'ami venu d'ailleurs aura probablement éveillé en lui des talents insoupçonnés (inexploités, tant il se les cachait à lui-même).

Je serais curieuse de connaître la suite de son étonnante vision. Rien n'arrive sans raison, même un scénario fictif comme celui-ci - Est-il aussi fictif qu'il le paraît ? Qui sait... Les choses sont-elles toujours ce qu'elles semblent être ?

Comme nous vivons dans une époque de tous les possibles, rien ne me surprend plus... Ou plutôt : je trépigne à l'idée d'être encore capable d'émerveillement. J'adore les surprises.

RÊVE D'ENFANT

Par Frank Locatelli

Je découvre la voile à l'âge de sept ans en vacances au club Méditerranée en Croatie. À mon retour en France, mes parents m'inscrivent à l'école de voile de port Camargue. Je ferai de nombreux stages de voile, du dériveur à la croisière hauturière pendant toute mon adolescence. Depuis tout petit, j'ai le goût de l'aventure, je rêve de traverser l'Atlantique à la voile en solitaire.

À dix-neuf ans, je fais une préparation militaire parachutiste. Quatre mois plus tard, je m'engage comme élève sous-officier dans l'armée de terre française.

Je vais servir dix-huit ans dans l'armée, parmi les parachutistes et les troupes de montagne. Pendant ma carrière j'effectuerai plusieurs opérations extérieures : Afrique, Balkans et Afghanistan.

Mon goût pour l'aventure va être servi... Pendant toutes ces années, mon rêve prend forme : devenir, à quarante ans, vagabond des mers pour découvrir le monde par mes propres moyens de locomotions (voilier et randonnée, mes deux passions).

En 2004, je quitte l'armée et me retrouve agent de sécurité à Paris.

En 2005 j'achète un voilier de trente pieds. Pendant mes vacances, je navigue en solitaire en Méditerranée : Îles Baléares, Tunisie, Maroc, Sardaigne...

En 2008, je pose des congés sans solde et pars

naviguer deux mois en solitaire. Direction : le Maroc.

Je fais une escale sur l'île d'Ibiza ou je rencontre un navigateur français nommé Philippe. Il convoie un voilier au Maroc où il fait du charter. Il me dit : « Si tu passes à Marina Smir, viens me voir ! ». Deux jours plus tard, il reprend la mer. Je continue ma navigation tranquillement aux îles Baléares. Deux semaines plus tard, j'arrive au Maroc à la frontière algérienne. Je longe la côte pendant deux jours et j'arrive à Marina Smir. Je retrouve Philippe le jour de son anniversaire. On fait une grosse fête et dans la soirée, il me demande si je veux rester travailler comme skipper sur son catamaran car il ne trouve personne de compétent. Je lui explique ma situation, que je voudrais bien mais cela risque d'être difficile.

La soirée se termine tôt le matin. On ne dort que quelques heures. Dans la journée il me reparle de sa proposition. Je suis enthousiaste à l'idée d'être skipper sur un catamaran pour promener les clients du Club Med, moi qui ai commencé la voile dans ce Club. Et puis, je suis séduit par cette vie de fête le soir et de voile la journée. Je prends la décision de téléphoner à mon patron à Paris. Je lui demande deux mois de congés supplémentaires. À ma grande surprise, il me les accorde.

Je passe donc quatre mois au Maroc comme skipper et parfois, aussi, comme accompagnateur de quad, le tout pour le Club Med, et ... fête tous les soirs. Je passe un été magnifique avec de très belles rencontres que ce soit avec les clients du club ou les Marocains locaux. Particulièrement avec un marin marocain Saad, avec qui je vais avoir une grande complicité pendant de nombreuses années. Fin août arrive, je dois retourner travailler à Paris. Je quitte cette vie au Maroc avec tristesse.

Octobre 2009, je me fais mal au dos. Je reste deux semaines couché, mon cerveau cogite. J'ai quarante-deux ans, je m'étais dit que je partirais en voilier à quarante ans. Je prends donc la décision de tout plaquer pour vivre mon rêve d'enfant. Je fais le choix de la liberté et de la qualité de ma vie au détriment de ma carrière professionnelle et de l'argent. J'informe mon patron de ma décision de partir en avril 2010. Mon bateau n'est pas prêt, pas d'importance. Si on attend que tout soit ok, on ne partira jamais !

Je prépare un programme de navigation. Je vais vite me rendre compte qu'il sera souvent modifié en fonction de mes rencontres et de mon humeur.

Avril arrive très vite, je pars du Cap d'Agde pour les iles Baléares avec mon ami Momo qui a prit deux semaines de vacances. Enfin la liberté ! Ensuite je reprends la mer, seul en direction de Marina Smir au Maroc pour retrouver Philippe.

Je vais de nouveau passer l'été comme skipper sur son catamaran comme en 2008 et profiter de la vie a fond jour et nuit.

Pour septembre, je prévois d'aller passer l'hiver en Grèce. Mais quinze jours avant de partir, je vois un reportage sur l'ile de Madère qui vante les belles randonnées à faire. Je décide de changer mon programme de navigation et pars pour Madère.

Je suis un peu inquiet de passer le détroit de Gibraltar et de me lancer dans l'océan Atlantique, moi qui ne suis qu'un navigateur de la Méditerranée.

Début septembre, la météo est favorable, je me lance pour cette grande navigation. Je mets une semaine pour arriver à l'ile de Madère, c'est ma plus longue navigation en solitaire au large. Je suis fier de cet accomplissement.

À Madère, je rencontre de nombreux navigateurs qui partent pour les Antilles, mais très peu en solitaire, surtout des familles. Je fais la connaissance de gens adorables et notamment Vasco qui fait partie d'une grande famille de Madère et est navigateur. Cette famille deviendra rapidement des amis que je reverrai à chaque passage sur l'ile.

Octobre arrive, trop tard pour remonter sur Gibraltar et la Méditerranée, ce n'est plus la saison, la météo est défavorable. Je décide donc de partir sur Agadir au Maroc. Je retrouve mes amis marocains. Je rêvais depuis longtemps de faire du surf. Je trouve une planche et je me lance. Pas facile au début, mais j´éprouve vite une sensation extraordinaire. Je ne pense plus qu´à surfer.

Avec mes amis marocains on s'en va faire toute la côte atlantique de Tanger à Dakhla en voiture : camping sauvage et surf, le paradis !

Mes parents viennent me voir pour une semaine à Agadir. Par la suite ils continueront à me rejoindre de temps à autre.

Comme toujours, à un moment, il faut prendre la décision de reprendre la mer. Dur de quitter des amis et un lieu que l´on aime. Mais c´est nécessaire si l'on veut être vagabond des mers et découvrir le monde.

Après une petite navigation, j´arrive aux îles Canaries en février 2011. Encore de très belles rencontres, j´y reste deux mois. Je passe mes journées à surfer et faire la fête le soir. Mes parents viennent me voir pour deux semaines. Ils constatent que je suis heureux. Cela dit, le danger pour un marin n´est ni la navigation, ni la tempête, mais les escales et la cirrhose !

Avril. La météo est favorable, je retourne à Madère puis Gibraltar et Marina Smir pour repasser un été avec Philippe comme skipper. Donc la traversée de l´Atlantique en solo (mon rêve d´enfant) ne sera pas pour tout de suite.... Je passe encore un été magnifique cela dit.

Septembre arrive, je prends la décision de traverser l´Atlantique direction les Antilles. Je passe par Madère pour saluer mes amis, et puis les îles Canaries où Fabrice, un ami navigateur, me rejoint en avion. Il veut faire une navigation hauturière. Je l'emmène donc jusqu'aux îles du Cap Vert. Dix jours de mer car on manque de vent. On va y rester un mois : randonnée la journée et fête le soir. Encore une fois on fait de belles rencontres et de nouveaux amis.

30 novembre 2011, la météo est favorable, il est temps de se lancer pour réaliser mon rêve de gosse, traverser l´Atlantique en solitaire. Vingt jours plus tard, j´arrive en Martinique. Je suis heureux et fier de l'avoir fait, et ce, avec un petit voilier de trente pieds.

Pendant quatre ans, je vais naviguer entre Trinidad et les Îles Vierges britanniques. Toujours une vie simple près de la nature, libre et toujours ponctuée de belles rencontres. Dès que j´arrive à un nouvel endroit, je visite tout à pied car j´adore marcher. La marche est le meilleur moyen pour rencontrer les gens et apprécier les lieux. En voiture, moto ou vélo on va trop vite, on rate pleins de choses....

Les gens me demandent souvent : « Ce n´est pas trop dur de naviguer en solitaire, tu ne t´ennuies pas ?» Je trouve qu'en solitaire, on apprend à bien mieux se connaître et on est plus ouvert pour aller à la rencontre des autres. J´ai des amis dans le monde entier.

En 2016, je décide de partir en République Dominicaine. Je vais rencontrer un autre Philippe qui y vit depuis vingt-cinq ans et organise des randonnées dans les endroits les plus sauvages de l´ile. Très vite on sympathise. Je lui propose de partir une semaine en voilier et lui, en échange, me fera découvrir la vraie République Dominicaine, loin des touristes.

Après un mois, il est temps de reprendre la mer, direction Cuba où Fabrice va me rejoindre en avion pour deux semaines. On navigue sur la côte sud dans les Jardins de la Reine, des ilots déserts.

Après deux mois a Cuba, je reprends la mer direction les iles Caïmans. J´arrive à Grand Caïman, et pour moi c´est le contraste : tourisme de masse avec six paquebots par jours et des milliers de vacanciers. Heureusement, ils repartent en fin de journée. Malgré tout ce monde je trouve des mouillages tranquilles. J´aime bien cette ile et son lagon. Déjà un mois passé là et une fois de plus, je dois reprendre la mer direction le Guatemala, sur le Rio Dulce. Avec mes deux mètres de tirant d´eau, je ne peux entrer sur ce fleuve seulement avec la grande marée de juin, car la barre d´entrée est à un mètre cinquante.

Avant d´arriver au Guatemala, je fais un stop sur l´ile de Guanaja, au Honduras. J´y rencontre deux Allemands qui tiennent chacun un bar restaurant. On sympathise très vite.

Ils me disent qu'il y a pleins de randonnées à faire sur l'île, mais pas de balisage, ni de carte détaillée. Pour moi, c´est l´aventure comme je l´aime. Je prends ma boussole et mon poignard et je vais explorer l'île à fond. La date de la grande marée approche, je dois partir, mais je reviendrai...

J´arrive à l´embouchure du Rio Dulce a Livingston au Guatemala. À l´heure de la marée haute, je passe la barre sans problème. Après les formalités d´entrée, je remonte le fleuve sur vingt miles nautiques. Première fois que je navigue sur un fleuve. La navigation est impressionnante au début car le fleuve est étroit, sinueux et bordé de grandes falaises recouvertes de jungle tropicale. Se présente un premier lac, puis un second qui est mon point d´arrivée où se trouvent plusieurs petites marinas.

Je vais passer la saison cyclonique à la marina Manglar Del Rio gérée par un français. Pendant six mois, j'explore les montagnes et la jungle du Guatemala, souvent en solitaire. Mon espagnol n´est pas très bon, mais je me débrouille toujours. Dans les montagnes je rencontre des populations adorables. Je dors chez les Mayas et mange chez eux; je vis local. Un jour à la capitale, Guatemala City, je rencontre une Guatémaltèque qui va changer ma vie...

Fini la navigation en solitaire, maintenant je navigue en couple depuis quatre ans. En 2017, je m´absente quatre mois pour convoyer un catamaran de Tahiti à Panama avec mon ami Franck, contre vents et courants. On passera quarante-huit jours en mer depuis les Îles Marquises à Panama. Ce fut une belle expérience et ma plus longue navigation sans escale. Au retour, je retrouve ma chérie pour continuer à naviguer dans la Caraïbe. Quand je pense que tout cela n'était qu'un rêve d'enfant... C'est pourtant devenu ma réalité.

ALLER VERS L'INCONNU

Par Raymond Péloquin

Dès l'adolescence, je suis attiré par la découverte du monde qui m'entoure. Un moyen à ma portée est de faire du pouce, comme on dit par chez-nous, ou de l'auto-stop pour d'autres.

C'est avec un ami, la plupart du temps, que je m'adonne à ce loisir.

Un jour, nous sommes partis de Sorel fin décembre, par un froid sibérien, pour nous diriger vers Sherbrooke, avec dans nos poches deux dollars cinquante chacun.

Arrivés à Sherbrooke, insouciants, nous nous informons auprès de passants au sujet d'un endroit où l'on pourrait dormir. Quelqu'un nous parle d'une maison qui accueille les itinérants. Il s'agit de la "Maison St-Georges". Je m'en souviens, après soixante ans ! On nous y accueille avec un souper léger et nous alloue une couchette dans un dortoir.

Encore trop tôt pour aller se coucher, nous décidons d'aller nous promener en ville. À la recherche d'un moyen pouvant contribuer à nous réchauffer, nous partageons un dix onces de rhum qui coûtait à l'époque un dollar cinquante. On est en 1959.

Une chose que nous ne savions pas est que la consommation d'alcool rend plus frileux. Nous l'apprîmes à nos dépens. Nous retournons donc à la "Maison" pour y passer la nuit. Le dortoir est très sombre. Le sommeil est lent à venir, compte tenu du contexte inhabituel.

Le jour se lève. Nous déjeunons, après quoi nous

93

prenons le chemin du retour. Mon ami me raconte l'expérience qu'il a vécue la nuit dernière lorsqu'il est allé à la salle de toilette. Alors qu'il était debout face à un urinoir dans la noirceur presque totale, il sentit une main lui caresser une fesse. Inutile de vous dire qu'il retourna au plus vite à sa couchette, de peine et de misère. J'ai beaucoup ri, mais lui moins, étant encore traumatisé !

Les années passent, nous sommes en hiver, première semaine de janvier, je suis sans travail et décide donc de vivre une autre aventure.

Je ne m'étais jamais éloigné plus d'une centaine de kilomètres de chez mes parents chez lesquels j'habitais encore. Quelques années auparavant, je m'étais lié d'amitié avec un individu habitant North Adams, dans le Massachusetts, lors d'un séjour qu'il avait effectué au Québec. Je communique avec lui et lui manifeste le désir de venir lui rendre visite. Il est lui aussi sans travail à l'époque et accepte avec joie.

Je m'informe donc sur la manière de m'y rendre. On m'apprend que je dois embarquer dans l'autobus Sorel-Montréal, pour ensuite me diriger à la Gare Centrale et acheter une place dans le train Montréal-Albany (N.Y.). Ce que je fais.

Arrivé à Albany, je me rends au terminus d'autobus dans l'espoir de trouver place pour le trajet Albany-North Adams. On m'informe que le bus vient de quitter et que le prochain est prévu pour le lendemain. Je n'ai pas assez d'argent pour coucher à l'hôtel. La préposée à la vente de billets me dit qu'elle connaît quelqu'un qui va justement à North Adams, et qu'il accepterait probablement de me prendre comme passager...

Nous partons alors qu'il est environ 18 heures. Ma faible connaissance de l'anglais ne me permet pas d'entretenir une très longue conversation. Ça va être long ! Nous sommes à environ une heure trente de notre destination.

À mi-chemin, alors qu'on traverse une région boisée dans la nuit, le conducteur m'informe qu'il doit arrêter

94

quelques minutes chez sa soeur qui demeure en bordure de route. Je ne peux qu'acquiescer. Nous prenons un chemin qui nous mène à une maison dont on voit la lueur au milieu de la forêt. Je ne suis pas trop brave dans ces circonstances. Va-t-il chercher de l'aide en vue de me faire les poches ? Quelle déception il aura si c'est le cas ! Les minutes passent... Et puis enfin, il revient ! Nous repartons, tout bonnement. Finalement, ses intentions ne sont pas celles que je lui prêtais.

Arrivés à North Adams, je lui demande de me déposer à une station de taxis, et demande un transport pour le 154 Bonair Avenue. La coordonnatrice en fonction me dit spontanément : "Mais c'est Rosaire ça !" "Oui", je réponds. "Eh bien je vais l'appeler, il va venir te prendre !"

Il arrive quelques minutes plus tard, et nous nous rendons chez lui.

Deux jours plus tard, alors que ma mère s'inquiète de mon absence inhabituelle, elle va voir dans ma chambre dans l'espoir d'y trouver un indice pouvant lui révéler les motifs de ma fugue (je suis alors âgé de 23 ans). Soulagée, elle trouve ma dernière correspondance avec Rosaire et les coordonnées lui permettant de le contacter pour vérifier si effectivement je suis en visite chez lui.

Le téléphone sonne. Rosaire m'informe que ma mère veut me parler... "Raymond", me dit-elle, "qu'est-ce que tu as pensé de partir comme ça sans mot dire ?!" Je n'avais pas osé lui parler d'un tel projet, sachant qu'on aurait tenté de me décourager. Neuf jours plus tard, je suis de retour au bercail, enrichi de cette expérience !

Les années passent, et voilà que je suis attiré par les véhicules récréatifs. Je débute en 1984 avec une roulotte Boler de treize pieds de long en fibre de verre, avec laquelle j'explore le Québec et le Nouveau Brunswick durant les étés qui suivent, et passons trois semaines en Floride l'hiver avec notre fils pour la période des fêtes. On décide, par la suite, d'opter pour des véhicules motorisés tels que Roadtrek ou Islander avec lesquels on explore encore le Québec, suivi de la Nouvelle-Écosse, pour ensuite séjourner plus longtemps en Floride les hivers, pouvant jouir à ce moment d'une plus grande liberté.

Durant cette période de vingt-cinq ans où nous avons fait bon usage de ce véhicule récréatif, rarement avons-nous visité des terrains de camping. Mon épouse et moi avons gardé cet esprit nomade qui trouve plaisir à voyager, explorer et dormir au gré des circonstances. Sans compter les économies réalisées. J'ai déjà tenté de stationner dans un cimetière pour y passer la nuit, mais je n'ai pas réussi à convaincre mon épouse de la quiétude assurée des lieux.

Voilà, en quelques paragraphes, le récit de quelques aventures. Durant les douze dernières années, nous avons, sous prétexte qu'on prenait de l'âge, expérimenté la vie en condo et en maison mobile en Floride. J'aurai bientôt 80 ans, et mon épouse 76. La nostalgie du VR (véhicule récréatif) comme instrument de voyage et d'habitation a fait germer dans notre esprit le désir d'acquérir, Dieu voulant, le printemps prochain, un nouveau véhicule en vue de nouvelles destinations au Québec, en Floride et en Louisiane, en plus d'aller visiter nos quatre arrière-petits-enfants en Saskatchewan.

Les projets favorisent la santé, semble-t-il !

LA MONTAGNE DU SAGE

Par Yathan D'Amour

Depuis trois heures, il n'arrêtait pas de monter, et le chemin rocailleux devenait de plus en plus difficile. La dernière habitation aperçue, en retrait de la route, était déjà très loin derrière.

Quand son ami Dan lui avait obtenu le trajet, Bilobi l'avait consigné minutieusement sur le bout de papier qu'il tenait à la main. Il s'y référait à toutes les croisées de chemin, le manipulant avec d'infinies précautions.

Depuis près de deux heures, il n'avait pas rencontré âme qui vive, et le chemin, devenu sentier plus étroit à mesure qu'il avançait, était de plus en plus difficile à repérer. Bilobi pouvait difficilement s'imaginer qu'un homme seul, fusse-t-il un ermite, ait choisi d'habiter un endroit si retiré, austère, et inhospitalier.

Il s'arrêta un moment pour reprendre son souffle. Son enthousiasme du début faiblissait. Les efforts qu'il déployait pour rencontrer le vieux sage de la montagne seraient-ils vains ? Cela faisait des mois, peut-être des années, que personne n'avait aperçu le vieil homme, et encore plus longtemps que quelqu'un ne s'était aventuré jusque chez lui tout en haut de l'immense roc qui dominait la région. Y habitait-il toujours ?

Était-il vraiment ce qu'on racontait de lui ? Pouvait-on encore le consulter ? Peut-être le vieillard était-il mort... ou alors n'était-il qu'une légende que les gens du petit village des Grèves se plaisaient à entretenir pour alimenter les conversations et se donner de l'importance.

Bilobi se prit à douter de l'issue de son voyage. S'était-on joué de sa crédulité ? Il était bien tenté de rebrousser chemin. Cette montée avait été épuisante et il n'en exigerait pas plus de son pauvre corps qui avait atteint l'âge respectable où l'on ne recherche plus ce genre d'aventures.

Il fallait à Bilobi une raison de taille pour entreprendre un tel périple. Après une vie mouvementée vécue à son seul profit, sans femme ni enfants, à l'aise financièrement mais vide et seul, il sentait de plus en plus, avec le poids de l'âge, qu'il devait accomplir quelque chose de significatif avant de s'éteindre. Certes, il n'était plus jeune, mais pas encore si vieux, à peine grisonnant, encore capable de s'adonner à trois heures d'escalade. Bilobi voulait utiliser les énergies dont il jouissait encore à une entreprise, un projet, une mission qui, cette fois, servirait à quelqu'un.

Toute sa vie, son imagination n'ayant servi qu'à lui-même, il n'était pas parvenu à trouver une idée assez géniale pour satisfaire son changement de direction. Une conversation à propos du vieil ermite de la montagne avait allumé en lui un espoir. Faute de connaître son véritable nom, les gens l'avaient surnommé Merlin, à l'instar du mystérieux personnage de légende. Selon les dires, le vieil homme savait lire les êtres et les événements, et même jusqu'aux étoiles. Bilobi tenait absolument à consulter le vieux sage.

Assis sur une pierre angulaire, au milieu d'un sol ingrat, il sentit à nouveau l'exigence pressante qui avait déclenché son voyage, ce qui lui redonna des ailes. Revenir sur ses pas ? Assurément, non. Il n'allait pas abandonner sans avoir tout fait pour atteindre son but. Il reprit le sentier rocailleux et, s'aidant d'un bâton pèlerin de fortune, il monta encore et encore, une heure, deux heures, peut-être trois, et se retrouva enfin sur le plus haut plateau de la montagne.

Juché au sommet d'une élévation qui surplombait toutes les vallées des alentours, et plus loin encore, il resta muet devant l'immensité et la beauté du spectacle naturel qui se présentait à ses yeux. Du sommet du massif s'étendait à perte de vue un tableau sans pareil. Il ne se souvenait pas avoir jamais embrassé spectacle aussi grandiose. C'était comme s'il observait... le monde ! Aucune richesse, aucun pouvoir, aucune gloire ne lui avaient fait ressentir ce qui s'éveillait en cet instant au creux de sa poitrine.

Il resta là, debout, au bord des larmes pendant un temps indéfinissable, figé comme par un enchantement. Il y demeura pendant plusieurs heures, oubliant sa fatigue et ses doutes, le vide de sa vie, ses soucis et ses peurs, et même ce qu'il était venu chercher.

En même temps qu'il se sentait infiniment petit devant cet infiniment grand, son esprit, lucide et reconnaissant d'être le témoin de tant de perfection, s'éleva comme s'il avait escaladé des marches invisibles.

C'est seulement là qu'il aperçut, à travers les arbres, un abri rustique, se moulant si parfaitement aux rochers et à la végétation qu'il aurait pu passer devant sans le remarquer. La demeure de Merlin, pensa-t-il. Il touchait son but.

Comme il levait le poing pour frapper à la porte, celle-ci s'ouvrit et un vieillard à barbe blanche apparut dans l'ouverture.

— Vous m'avez appelé ?... Entrez, Bilobi, je vous attendais.

Bilobi n'en crut pas ses oreilles, abasourdi par cette réception inattendue. Comment le vieil homme connaissait-il son nom et pouvait-il savoir qu'il viendrait ? En réponse à sa pensée, le vieillard continua:

— J'ai été averti de votre venue.

— Mais Monsieur, personne ne m'a annoncé. Comment pouviez-vous...

— Je sais, je sais. C'est un peu difficile à comprendre. Je savais pourtant que vous veniez, mon fils, car votre énergie vous a précédé. Elle est faite d'inquiétude et elle s'interroge. Entrez que j'entende vos questions.

Sans se faire prier, Bilobi pénétra dans la maison à la

suite de Merlin. L'intérieur de l'habitation était simple et peu meublé : une table rustique, des sièges à même d'énormes racines incurvées arrivées là depuis le tronc d'un arbre plus que centenaire dont quelques branches servaient à retenir certains articles et ustensiles divers. La plus grande partie du contour de l'arbre se poursuivait à l'extérieur de la demeure. Autour de cet ameublement sobre, quoique original, rien d'autre. Un dénuement déconcertant, mais un charme et une harmonie certaine.

Les deux hommes s'assirent face à face. D'un geste de la main, le surnommé Merlin invitait déjà son visiteur à parler.

— Monsieur, lança Bilobi, je suis venu vous voir, bien qu'incrédule, car on m'a dit qu'il habitait ici un grand sage qui a réponse à toutes les questions. Il semble, de toute évidence, que vous êtes la personne que je recherche.

— C'est donner beaucoup de pouvoir à un seul homme, mon enfant. Le Créateur, dans sa Sagesse, a distribué les mêmes dons à toutes ses créatures. Vous qui venez me consulter, vous possédez en vous toutes vos réponses. Que voulez-vous que je vous apprenne, mon enfant, que vous ne sachiez déjà dans votre cœur?...

— C'est que, répondit Bilobi, j'ai tellement de choses à vous dire avant de savoir précisément quelle question poser que je...

— Allez-y simplement, mon ami, coupa le sage se voulant rassurant. Ne vous embarrassez pas de détails encombrants.

Bilobi parla de sa vie passée, du nouveau virage qu'il voulait prendre, de ses recherches infructueuses et de sa requête. Que devait-il accomplir pour satisfaire cette nouvelle pulsion qui l'habitait depuis quelque temps, qui le tenaillait de l'intérieur, le poussant à une folle escalade de plusieurs heures pour rencontrer un pur inconnu faisant l'objet de racontars insensés ?

— Les voies divines sont impénétrables, mon enfant, reconnut le vieux sage. Elles t'ont conduit jusqu'ici par un chemin inusité. Le premier pas est fait. Le second consistait à trouver ma demeure, car elle n'est visible qu'à celui qui est prêt. Voyons si tu sauras faire le pas suivant... Rappelle-toi, Bilobi, quand tu n'étais qu'un tout petit bonhomme, n'y avait-il pas un rêve qui te tenait à cœur?

Bilobi n'aimait pas se souvenir de son passé, particulièrement de son enfance qu'il avait cadenassée à double tour. Aussi, dut-il faire un effort pour réactiver sa mémoire qui retraça, à rebours, le long chemin de sa vie, traversant péniblement chaque décennie, enjambant ce qu'il connaissait le plus : les zones interminables de brouillard et d'ombre malgré un certain succès financier. Il revécut les courts moments de gloire que procure le pouvoir, ses relations désastreuses en amour, les projets illusoires de sa jeunesse et aboutit finalement aux portes de son enfance.

Orphelin aux origines inconnues, il avait effectué des passages provisoires dans des foyers provisoires, presque toujours laissé à lui-même. En fait, il avait grandi dans la rue, plutôt solitaire, s'attirant peu d'amis dont il ne se souvenait guère,... sauf un seul : Fred, un garçon de son âge qui avait de vrais parents qui l'aimaient, et qui semblait si heureux. Sans lui, Bilobi n'aurait jamais su qu'il pouvait exister des gens heureux.

Oui, il avait bien un rêve à cette époque, un rêve qui grandissait chaque fois qu'il rencontrait son ami Fred, un rêve qu'il caressait avec l'élan pur et naïf de ses dix ans, une promesse qu'il s'était faite : découvrir un jour ce que c'était qu'être heureux comme Fred ; et s'il faisait une telle découverte, entraîner avec lui tous ceux qu'il rencontrerait sur son passage.

En faisant ainsi resurgir le besoin le plus profond de son cœur d'enfant, Bilobi sentit ses yeux se mouiller. Le sage avait réveillé les mauvais souvenirs qu'il avait mis des années à oublier. Des larmes affluèrent alors, un fleuve de larmes depuis si longtemps contenues qu'il semblait maintenant inutile à Bilobi d'essayer de les retenir.

— Pourquoi me ramener là où j'avais verrouillé la porte ? se plaignit-il.

— Parce que là est ta réponse, Bilobi. Dans sa quête, l'homme trouve souvent autre chose que ce qu'il croyait chercher.

— Que de mystère, vieil homme! Ne pourriez-vous être plus clair ?

— Bien sûr. Voici une autre façon de te faire comprendre. Tu n'as pas connu une enfance heureuse, Bilobi, car il te fallait vivre autre chose. Autrement, tu serais passé à côté du bonheur sans le reconnaître. Tu n'étais pas prêt. Tes malheurs te servent plus que tu ne le penses. C'est seulement maintenant que tu es en mesure d'apprécier la beauté des choses, ce qu'on appelle le bonheur, et d'en saisir la portée.

— Mais à cause de ces malheurs, j'ai causé bien des torts, j'ai fait du mal à des gens qui ne le méritaient pas, protesta Bilobi.

— Oh! Dans leur ignorance, les humains, pour se donner bonne conscience, apposent des étiquettes un peu partout : bien, mal, bon, mauvais, alors que l'expérience sur cette terre doit être comprise comme un tout où le blanc et le noir, le fort et le faible, la lumière et l'ombre, ... se côtoient plus intimement qu'il n'y paraît.

— Bon ! soupira Bilobi, pas très rassuré. Quand même, vieux sage, qu'en est-il de ce que j'ai maintenant à accomplir ?

— Écoute la voix de ton cœur, mon fils. Il n'y a pas de plus sûre conseillère.

— Comment pourrais-je suivre une voix que je ne connais même pas ? se défendit Bilobi.

— Si, tu la connais, mon enfant. Quand tu as eu l'idée d'escalader cette montagne, tu l'as écoutée. Lorsque tu as ressenti la beauté devant la vue qu'offre le sommet, tu étais en contact avec elle. C'est même pour cela que tu as pu trouver ma maison. Elle ne peut être perçue qu'avec des yeux dessillés. Arrête de te faire mille et un soucis et tu sauras ce que tu as à faire. Vis ton rêve d'enfant avec ton cœur, Bilobi.

Pense avec ton cœur, il te guidera. Allons, c'est assez pour un seul jour. Patience, tout se révélera à toi, progressivement. Il est tard maintenant, mon fils. Je t'offre mon gîte pour la nuit. Qu'il t'apporte repos et paix de l'esprit. Cette nuit est justement la nuit où j'ai l'habitude de veiller.

— Ah oui ? Et pourquoi donc ? s'enquit Bilobi, curieux.

— J'ai rendez-vous avec une étoile, fit l'ermite, d'un air amusé. À demain, mon enfant.

Bilobi fut étonné du confort de la couche qu'offraient les racines déployées de l'arbre géant, comme si ce lit improvisé épousait les formes de son corps. Il s'endormit rapidement, comme un enfant, étrangement en sécurité dans les bras de l'arbre, se sentant plus protégé et aimé qu'il ne l'avait été dans les bras d'une mère qu'il n'avait jamais connue.

Il fut réveillé au petit matin, par une odeur de bouillon chaud et de galettes grillées que Merlin avait préparés en guise de déjeuner.

— Debout, jeune homme, tu as une longue route à faire, et ceci te donnera des forces.

Des forces, il en avait déjà, se sentant tout ragaillardi. Quelque chose s'était passé cette nuit qui avait lavé les mauvais souvenirs de son enfance. Il mangea et but avec gratitude. Il avait l'esprit plus lucide, plus clair, plus ouvert lorsqu'il formula la question qui lui brûlait les lèvres :

— Maître Merlin, qu'est-ce que la joie?

— Je vois que l'arbre t'a bien inspiré, jeune homme. Bien. Beau travail.

Le vieux sage se contenta de sourire à Bilobi. Puis soudain, il éclata d'un rire qui retentit comme une foule de clochettes cristallines, semblant animer les racines, l'arbre et les parois rocheuses de l'habitat. Intrigué, Bilobi se demanda ce qu'il avait bien pu dire qui était si drôle. Merlin continuait à rire à gorge déployée et maintenant, avec lui, les énormes rocs de la montagne répondaient en écho. Toute la montagne riait, euphorique, secouant sa végétation comme une salutation à la joie, comme une apothéose à la vie. Alors, ne se contenant plus, Bilobi se mit à rire, lui aussi, entraîné par la contagion générale.

Le vieil ermite se tut, laissant Bilobi faire le plein à souhait de la joie qui lui avait tant manqué dans sa malheureuse existence. Emporté par ce flot d'hilarité communicatif amplifié par le concert de la montagne, Bilobi continua à rire de plus belle, se tenant tantôt les côtes, tantôt la mâchoire, tantôt la tête. Son rire le secouait tout entier, corps et âme, inépuisable, guérisseur.

Quand Merlin jugea que c'en était assez, il l'arrêta avant que Bilobi n'atteigne son point de saturation, dangereux pour un néophyte.

Bilobi sortit de son hilarité, le regard éclairé. Quelque chose de nouveau, de vivant et de bienfaisant, habitait toute sa personne. L'image de son ami Fred lui vint à l'esprit. Il était en train de ressentir ce qu'il avait lu jadis dans les yeux de son jeune ami. Son rêve d'enfant prenait forme en même temps que la réponse à sa quête.

Le vieux sage connaissait bien ce genre de transformation. Il en avait accompagné beaucoup d'autres. Sans un mot, il se retira, laissant le silence poursuivre son oeuvre dans le coeur de Bilobi. Ce n'est qu'au moment des adieux que Merlin se manifesta à nouveau :

— Vois-tu, mon ami, le rire est, avec la vie, le plus beau cadeau qui ait été donné à l'être humain. Gratuit, sans attente, ressenti de l'intérieur, il peut faire des merveilles de transformation. Si chacun pouvait seulement réaliser ce qui se produit lorsqu'un sourire pur se dessine sur un visage, la terre serait une planète heureuse. Porte ce sourire : c'est l'ange de la Joie qui régénère, qui a le pouvoir de prolonger la vie. Là où la Joie passe, toute chose devient possible.

C'est un Bilobi serein, au cœur léger qui sortit de la demeure de Merlin. Avant de redescendre de la montagne, il voulait d'abord revoir le spectacle du promontoire qui l'avait accueilli à son arrivée. Il redécouvrit le paysage avec des détails qu'il n'avait pas aperçus la première fois, et il se laissa pénétrer par la lumière féérique que la rosée matinale faisait danser sur cette vaste étendue encore humide, comme autant d'étoiles de cristal, à perte de vue. Il s'imprégna de ce lieu magique comme s'il goûtait le paradis.

Quand Bilobi s'engagea vers la descente de la montagne, il se sentait différent, plus énergique, plus libre, plus jeune, comme s'il s'était allégé de la lourdeur de plusieurs années de sa vie. Son pas était agile et précis, ses gestes vifs et alertes. Sans doute encore sous l'effet de l'hilarité, il ressentait toujours ce petit frisson déclenché dans la demeure du vieux sage, vibrant joyeusement au creux de sa poitrine comme une volupté discrète qui continuait à l'habiter. La sensation fébrile, presqu'électrisante, atteignait son être tout entier. Il constata qu'il pouvait même la réactiver à volonté.

C'est un autre Bilobi que l'ami Dan accueillit au bas de la montagne, transformé au point que ce dernier faillit bien ne pas le reconnaître. L'émanation subtile du sourire éclatant de Bilobi toucha son ami Dan en premier. Puis beaucoup d'autres suivirent, frappés par la même contagion : le village des Grèves tout entier succomba sous le charme. Un peu partout, même dans les contrées plus éloignées, on se rassemblait, on échangeait, on riait.

Bilobi, infatigable, transportait son rêve de hameau en village. Dans les périodes plus sombres où il se sentait plus essoufflé, dans les moments où il avait un besoin plus pressant d'énergie et d'inspiration, Bilobi projetait son esprit au sommet de la montagne du sage, dans la cabane du vieil ermite, et il retrouvait la voix/voie de son cœur.

Selon le témoignage de ceux qui l'ont connu, Bilobi vécut très vieux, survivant à ses congénères, à leurs enfants et aux enfants de leurs enfants. Son aspect physique conservait inexplicablement la force et le charme de la jeunesse. Peut-être même est-il encore en vie. Les derniers à l'avoir aperçu en témoignent comme d'un phénomène peu commun.

Peut-être le rencontrerez-vous un jour, au détour de votre route, car on dit qu'il ne cesse de se promener, de village en village, de pays en pays, pour accompagner les gens qui cherchent. Bilobi réalise son rêve sans un mot, avec des gestes sobres, mais une présence inouïe. Vous le reconnaîtrez quand il vous regardera de cette façon qui n'appartient qu'à lui, vous offrant ses yeux clairs comme un miroir où vous pourrez redécouvrir ce qui n'appartient qu'à vous : la joie que vous-même vous portez.

UN RÊVE DE LIBERTÉ

Par Benjamin Lefèbres

Prologue

Enfin, Paul avait trouvé.

Il allait se réfugier dans sa cabane, construite de longues années durant.

Paul pouvait enfin affirmer qu'il allait mener la vie qu'il s'était imaginée : regarder les gouttes faire la course sur les carreaux, écouter les yeux fermés le chant des oiseaux ou tout simplement ressentir le vent d'automne se fracasser contre ses pommettes saillantes.

Oui, Paul n'aura plus à rester assis toute la journée sur une chaise dans son lycée.

Paul pourra dorénavant arrêter de penser à l'avenir et se recentrer sur le présent.

Paul n'aura plus à obéir et apprendre, il pourra ressentir et comprendre.

La vie qu'on lui dictait ne lui convenait pas dans cette vie qu'on lui imposait, Paul ne trouvait pas chaussure à son pied.

On lui rabâchait sans cesse que s'il ne redescendait pas des étoiles, alors il ne serait rien. Paul, lui, était quelque chose ; il le subodorait, ni quoi, ni comment, il n'en savait rien.

Par ailleurs, Paul savait que c'était là-haut dans le firmament, au plus près de la Grande Ourse, dans l'autoroute des nuages qu'il pourrait exprimer pleinement sa liberté et sa différence.

Il était peut être déconnecté de la vie qu'on lui imposait, mais il n'était pas dupe, il savait que personne ne l'aiderait à réaliser son rêve, même pas Ève, la secrétaire à la section des pupilles de la nation, qu'il aimait tant. Paul savait que c'était seul qu'il devait concrétiser sa raison d'exister : vivre en plein dans le parc des Grandes Causses, dans une cabane.

I

Tous les ans, Alain et Corine emmenaient Paul dans les Grandes Causses durant trois semaines l'été.

Alain et Corine n'étaient pas sans ignorer la différence de Paul, mais pourtant ils l'avaient toujours laissé faire ce dont il avait envie. Corine et Alain avaient beau être une famille d'accueil, ils avaient compris que c'était plus qu'une envie, c'était un besoin.

Lors de ce pique-nique dans le parc des Grandes Causses, ils laissèrent leur fils, car c'est ainsi qu'ils considéraient Paul, partir mener sa vie tout le long d'une après-midi.

Ainsi, il pouvait laisser son corps et son esprit vagabonder dans les méandres de l'univers, tels les Touaregs dans le désert.

II

C'est comme cela qu'à dix ans, Paul commença sa cabane, qui pourrait l'accueillir et l'aider à trouver un équilibre.

Un équilibre entre le jour et la nuit, un équilibre avec les saisons, en somme une place au sein de notre univers.

Paul ne pouvait plus vivre dans ce monde de brutes, dans ce monde où des Hommes se faisaient la guerre pour une simple ligne tracée dans le sable ; Paul ne supportait plus un monde où tout était question de gagnants et de perdants.

Du haut de ses 16 ans, il avait bien conscience que dans un monde où la vie n'est en réalité centrée que sur une histoire de production, de travail et d'argent, plus aucune place n'était faite à la différence et à la liberté.

Paul devait s'évader. Les dirigeants avaient beau répéter à la télé que les jeunes ne seraient jamais oubliés, qu'ils ne seraient jamais négligés, Paul avait compris au bout de seize années de vie que, dans un monde comme celui-ci, aucune place n'était laissée ni à la différence, ni à la liberté et encore moins à la vérité.

III

Paul devait faire la lumière sur un monde où la compréhension de ce dernier n'était plus qu'une vague idée que seuls les anciens de ce monde avaient encore en tête.

C'était ce soir-là que Paul partirait, il avait décidé.

Il mit sur son lit son vieux sac à dos Eastpak et y plaça le strict nécessaire : deux pantalons, trois tee-shirts, une polaire, trois baguettes de pain, 3 pommes, un bocal de pâté, et une gourde d'eau. Le tout était certes un peu serré, l'essentiel étant que cela rentre, le pari était gagné.

Alors, Paul descendit les escaliers, tourna doucement le loquet de la porte d'entrée, et passa ensuite le seuil de la porte.

Ainsi, allait-il sauver un monde rapiécé depuis des décennies, ou allait-il créer un monde nouveau. Un monde où les différences seraient les bienvenues ?

IV

Paul se réveilla, avec un brame de cerf qui le fit sursauter. Durant quelques secondes, un vent de panique l'envahit, mais il se ravisa, se rendant compte, grâce à la lumière filtrante du soleil d'été à travers les feuilles de chêne, qu'il avait réussi.

Enfin.

Enfin, il venait de passer sa première nuit en plein nature dans une cabane sommaire mais plutôt bien optimisée : elle était faite en pierres, elle comportait une petite porte maintenue grâce à quelques troncs d'arbres morts, une petite fenêtre construite de la même façon et enfin un poteau central qui soutenait l'ensemble.

Après avoir pris quelques repères et placé une dizaine de pierres dans un périmètre bien précis autour de sa hutte, il s'orienta vers le Tarn qu'il avait réussi à entendre à son réveil grâce à quelques ruissellements qui étaient venus lui titiller les oreilles.

Alors il suivit un itinéraire plutôt chaotique entre chênes lièges et pins Laricios, entre coassements de grenouilles et glatissements d'aigles, rocaille du Quercy et Rougiers aveyronnais, mais y découvrit plus d'une merveille.

En premier, il découvrit un coléoptère à la carapace bien colorée, puis, il observa une trace d'animal qu'il suivit. Sur son chemin, il croisa un pic vert soulevant l'écorce d'un arbre. À la vue de ce dernier, Paul s'assit sur un rocher, ferma les yeux et écouta. Alors, d'un coup tout son corps fut envahi d'une sensation jusque-là jamais éprouvée : un métissage entre la joie, la contemplation et l'appréhension.

Après avoir écouté le pic-vert pendant de longues minutes, Paul rebroussa chemin jusqu'au Tarn. Là, il explora des recoins peu fréquentés, à en croire la population d'araignées qui habitaient ces lieux. Il y en avait des petites, des grandes, des colorées, des noires, elles étaient toutes différentes mais pourtant avaient l'air de cohabiter.

Paul s'avança un peu plus près du Tarn et remarqua tout à coup un petit banc de poissons : il y vit des grands protégeant des plus petits, des plus résistants prenant à leurs côtés des plus faibles. Là aussi, aucun dominant, juste de la coopération.

En regardant encore plus précisément, Paul vit une dizaine d'araignées d'eau sautillant chacune dans un sens, mais jamais avec agression, comme si leur saut n'était que de joie et que cette joie était contagieuse.

Pour finir, il baissa la tête et vit juste à ses pieds des cailloux. Ils étaient tous d'une part différents par leur forme mais surtout par la mousse qui les habillait : les uns avaient une mousse verte, les autres une mousse marron. Et d'autre part ils étaient tous cailloux. Ils étaient là impassibles, chacun avec leur différence, mais sans aucune prétention.

Enfin, Paul se recentra sur ses tâches premières : il se rinça la tête et remplit une gourde d'eau qu'il ferait bouillir.

Il retourna jusqu'à sa cabane, toujours en s'émerveillant des joies de la nature, alluma un feu et y plaça sa gourde En attendant, Paul s'assit à nouveau et se mit à pleurer.

Il se demanda pourquoi.

Pourquoi l'Homme cherche-t-il à créer des canaux artificiels en béton armé alors que nous pourrions avoir des rivières naturelles aux reliefs anormaux, aux couleurs attrayantes ?

Pourquoi l'Homme se sépare-t-il de la nature alors que nous pourrions vivre en symbiose avec des insectes plus petits que nous, des mammifères plus imposants que nous, des oiseaux plus puissants que nous ?

Pourquoi l'Homme cherche-t-il à rompre un équilibre si bien ficelé ?

V

Après avoir essuyé ses larmes, Paul se prépara un sandwich au pâté, but son eau et fit une petite sieste. Enfin, il essaya. Il commença à se questionner. Pouvons-nous être contre un système sans se révolter contre ce dernier ? Alain et Corine étaient-ils pour ou contre ce système ?

Il se résolut à dire qu'ils étaient pour, car ils ne s'étaient jamais plaints du modèle politico-économique dans lequel ils vivaient. Mais pourtant, ils avaient offert à Paul une enfance la plus stable possible, alors devait-il leur en vouloir ?

Voyant qu'il n'arrivait définitivement pas à dormir, Paul se leva et partit faire un tour dans la forêt.

Alors il croisa une colonie de fourmis face à une crevasse. Paul prit la décision de s'assoir à côté de la scène et regarda sagement sans sourciler. Les fourmis s'organisèrent, non sans mal, pour faire face à la contrainte, en évitant le plus de dégâts possibles.

Soudain, Paul fut pris d'une idée qui lui illumina l'esprit. Oui, Alain et Corine avaient bel et bien lutté contre ce système. Ils avaient initiés Paul à la découverte, au sens du contact, à

111

l'esprit critique, ils lui avaient appris à lire et à écrire, ils lui avaient donc transmis des armes puissantes contre la manipulation d'un système voué à l'extinction.

Ainsi, telles les fourmis, Alain et Corine avaient fait face à une vie qui semblait être retournée contre eux en offrant à leur enfant les connaissances et la culture pour qu'il puisse s'évader et voyager dans son esprit et ne jamais céder à l'oppression.

VI

Les jours s'enchainaient mais ne se ressemblaient pas. Paul ne cessait de découvrir de nouvelles choses. Certains jours, il partait à la recherche de denrées, et il tombait sur des couleurs psychédéliques. Certaines fois, c'était le rouge éclatant des arbouses, d'autres le violine des groseilles, ou encore le rose des myrtilles.

Il y eu aussi des jours où Paul se plaisait à se perdre dans la nature pour découvrir de nouvelles odeurs ou de nouveaux bruits : le chant des grenouilles comme l'odeur des pins sauvages.

Certaines fois, Paul cherchait à suivre des traces jusqu'au jour où il découvrit la terre rouge au confluant de la Lozère, du Tarn et de l'Aveyron ; il resta debout béat de longues minutes en profitant de ce trésor visuel offert par la nature.

Bien sûr, dans tout cela Paul se heurtait aussi à des questionnements. Un jour, il se trouva face à un grillage en plein parc régional et il se demanda pourquoi ? Pourquoi l'Homme cherchait-il à s'approprier quelque chose dont il n'était pas à l'origine ? Quelque chose dont tous les humains pourraient profiter ?

VII

Alors un jour, Paul prit la décision de partir plus loin qu'il n'avait imaginé. Il décida de s'éloigner de sa seule et unique maison, de sa seule attache matérielle, de la seule chose qui le rattachait au genre humain.

Il prit quatre pommes, de l'eau et partit.

Le ciel était bleu et en plein mois d'août, le soleil était au zénith mais Paul marchait toujours.

Au bout de quatre heures de marche, il arrivait enfin en haut des gorges du Tarn, au confluant de la poussière et de l'univers. Au carrefour du genre humain et de l'infiniment grand. Entre mortalité et immortalité. Entre la Terre et les étoiles.

Paul poussa un grand cri, il eut un écho immense. Et pour une fois, l'image de lui-même qu'on lui renvoyait était bonne.

Il se sentait libre. Paul ressentait de la satisfaction ; un monde meilleur s'était offert à lui. Avait-il réparé l'ancien ou en avait-il créé un nouveau où l'égalité et la différence étaient à l'affiche ? À vrai dire, il s'en fichait, il pensait à ce qu'il voulait, il disait ce qu'il voulait : plus personne ne lui dictait quoi que ce soit. Paul avait trouvé une place dans cet univers qu'il trouvait injuste, il n'avait juste pas pu l'exprimer, la faute à un système qui l'oppressait.

Paul était certes seul, mais il était libre.

LIBERTÉ

Par Arantxa Etxeberria

Qu'est-ce que la liberté ? Il y a bien des années que je me pose la question...

Quand nous sommes enfants, nous voulons être adultes pour faire ce que nous voulons comme nous le voulons et quand nous sommes adultes, nous réalisons que nous ne pouvons pas toujours faire ce que nous voulons et que parfois même, nous croyons que nos responsabilités nous en empêchent... Souvent, à ce moment précis, nous voudrions retourner en enfance, plein d'innocence et de spontanéité... Qu'est-ce que c'est compliqué d'être humain !

Notre société nous enseigne une façon de vivre et de penser complètement à l'inverse de ce que nous sommes car elle nous enseigne quoi faire et quoi obtenir avec pour objectif la réussite, l'argent et la gloire : "Brillez comme un soleil", "Soyez maitre des autres" nous laissant croire que le pouvoir sur les autres est signe de liberté.

Or, dans un rapport maitre-esclave, le maitre n'est pas moins esclave que l'esclave car il a besoin de ce dernier pour faire valoir son rôle de maitre.

Depuis des milliers d'années nous entendons cette même histoire, certes avec des personnes, cultures ou pays différentes mais, dans le fond, toujours les mêmes raisons qui pousse l'humain à agir ainsi.

La religion a aussi contribué à rendre les humains plus dépendants encore en leur faisant croire que le potentiel de chacun d'eux était pris en main par un Dieu tout puissant... que leurs erreurs nommées péchés seraient jugées et peut-être pardonnées...

Cette mascarade continue encore de nos jours avec des méthodes plus discrètes et plus manipulatrices. La liberté est primordiale pour l'humain et cela fait bien trop d'années qu'il en est privé, ou du moins, c'est ce que ce système essaye de lui faire croire.

C'est ce qui me plait le plus dans la philosophie de la permaculture : le respect du vivant. À mes yeux, le respect va de pair avec la liberté, c'est parce que je respecte la nature que je ne la possède pas et donc, je ne l'abime pas. Et dans nos relations, c'est justement dans le respect de l'autre que jaillit l'amour et non pas dans la possession de l'autre qui ne fait que refléter nos peurs et ce satané "maitre-esclave" qu'on nous a trop mis dans la tête.

Néanmoins, je ne pense pas que par faute de nous avoir injecté cette notion, nous sommes des victimes. Ce sont simplement des rôles que nous prenons, comme une échappatoire à notre enfance par cette croyance que la responsabilité nous rend moins libre. Or, c'est tout l'inverse encore une fois. C'est parce que je suis capable de faire face aux contraintes que je suis plus indépendant, donc, plus libre.

Ces dernières années le nomadisme est très populaire, je trouve cela positif. Les mentalités changent et les modes de vie se diversifient mais, je ne pense pas que cela soit forcement symbole de liberté. Il apporte surtout une forme de liberté, la liberté de mouvement. Mais, il y a une liberté que nous devons, je pense, traiter en "urgence" : la liberté d'être soi. Cette liberté qui nous permet d'être qui nous sommes, cette force qui nous autorise à être qui nous sommes. Même si ces deux formes de libertés sont reliées, il peut parfois arriver que la liberté de mouvement empêche d'être vraiment soi car, elle est vécue comme une fuite, par peur d'affronter nos propres peurs.

De générations en générations, nous transmettons nos

peurs et douleurs et parfois même, nous empêchons les nouvelles générations à guérir, à transgresser leurs peurs ancestrales.

Quand des chercheurs, par exemple, démontrent que la maltraitance d'un parent à son enfant peut laisser des cicatrices sur l'ADN de ce dernier, cela démontre que nous avons besoin d'un grand nettoyage et d'une grande prise de conscience à établir en nous. Et la pandémie globale de ces dernières années est au final un signe que les humains ne sont plus bien, que tout notre système sociétal est périmé, malade. Un signal également envoyé par la Terre qui nous montre que le chemin que nous empruntons n'est plus bon. Il y a des années et des années qu'elle s'acharne à nous le montrer, mais nous avons tellement grandi dans un monde loin de l'être et de la conscience que nous avons fini par nous perdre.

Le point le plus positif de toutes ces lignes, est la grande capacité de résilience et de guérison de l'humain. Les coups durs de la vie, ceux qui nous font descendre au plus bas, les plus douloureux ont toujours un grand enseignement à nous apporter, une prise de conscience qui nous permet de grandir, de mûrir, de guérir. Même dans le plus grand des chaos, se poser et conscientiser est permis et nécessaire.

Pour finir, la liberté ne dépend que de nous. Nous-mêmes, nous nous autorisons à être libre ou pas. Nous-mêmes, nous nous autorisons à affronter nos peurs ; ces peurs affrontées qui nous font sentir plus libre encore. Car, la réalité est que nous sommes libres, nous sommes des êtres libres peu importe le pays, le régime politique, la religion... Même si on essaye de nous faire croire que le pouvoir est à l'extérieur de nous, il est en réalité à l'intérieur. Ce Dieu tout puissant tellement vendu, n'est en fait que votre Intérieur. Le pouvoir de s'autoriser d'être, de faire en conscience, en confiance, avec responsabilité et dans le respect.

L'unique chose qui importe à ces hommes et femmes de pouvoirs est le contrôle, le contrôle et toujours le contrôle car, le contrôle, contrôle, contrôle apporte la sécurité et oui, la sécurité, la fameuse sécurité. Cela est FAUX, archi FAUX. La

CONFIANCE amène la sécurité.

Le contrôle est signe de manque de confiance et de peur. Alors, oui, vous aurez compris, en réalité ces gens qui nous gouvernent ont peur, constamment peur. Alors que font-ils ? Transmettre de la peur partout pour pouvoir plus contrôler. Ce fameux rôle "maitre-esclave".

En dehors des lois inventées par l'humain, il existe une loi, une force universelle, divine, ... (Appelez la comme vous voulez). Une chose que nous ne pouvons ni contrôler, ni échapper, une décision de la vie qui surgit de nulle part. Elle se déguise parfois en opportunité qui vous ouvre une porte vers quelque chose de meilleur, elle va vous sauver d'une situation dangereuse ou peut-être même vous faire rencontrer des gens qui vous feront vivre des moments merveilleux... Cette chose, peu importe son nom, est libre de tout contrôle ou loi humaine. Elle est même là pour nous montrer que rien n'est contrôlable sur cette terre, que c'est une perte de temps et d'énergie. Et qu'en lui faisant confiance et dans le lâcher-prise, elle nous apportera la sécurité dont nous avons besoin. Parfois, elle nous demandera de prendre des décisions très difficiles, ou nous fera vivre des situations très difficiles et même si ce n'est pas toujours pleinement conscient en nous, c'est toujours pour un meilleur lendemain.

Pour finir, nous risquons de passer une année mouvementée, (vital pour la terre et pour tout être vivant), j'espère, de tout cœur, que le changement nécessaire se fera dans la créativité et dans la conscience. De mon point de vue, c'est le meilleur chemin à prendre.

Et souvenons-nous : même si, ceux qui sont au "pouvoir" utilisent nos peurs et nos douleurs les plus profondes pour nous faire croire le contraire, nous sommes libres et ce pouvoir, cette force réside en nous !

LE GRAND VOYAGE

Par Nana Naluwas

J'ai toujours cru que mon voyage, mon Grand Voyage, l'histoire de ma vie, commencerait le jour où j'aurais acheté et fini d'aménager mon camion. Il était évident que jusque-là je me trompais. J'ai compris avec le temps que mon voyage avait déjà commencé, et qu'il ne s'agit pas d'une entité avec un début et une fin.

Voyager, c'est un état d'esprit, une philosophie de vie, une croyance presque sacrée, une main tendue vers le monde. C'est de l'amour qui déborde de soi, une force nous attirant vers l'autre, de l'énergie puissante nous propulsant vers les terres inconnues, une manière de voir et comprendre ce qui nous entoure, dont fait partie le nomadisme.

Quand à onze ans j'ai compris la richesse dont regorge la Terre, sa beauté, ses mille et unes parcelles de bonheur, ses peuples dissemblables, mais aussi la détresse dans laquelle elle se trouvait, je me suis accrochée à l'idée que je me devais de la découvrir sous toutes ses coutures, mais en la respectant, l'être de passage que constitue ma personne.

A l'aube de mes douze ans, on m'a offert cet imposant ouvrage regroupant tous les pays du monde et ses populations, j'ai ainsi découvert sur le papier l'importante diversité des cultures, des croyances, des architectures, des modes de vies, des paysages. J'ai ainsi décidé de faire de ma vie un tour du monde.

La force qui s'est animée en moi m'échappe assidûment, mais elle s'est agrippée à mon cœur et à mon âme et ne m'a jamais lâchée. S'est élevée en moi une soif de parcourir le globe comme une raison d'exister dans une vie qui ne trouve de sens que sur la route.

J'ai longuement réfléchi au moyen qui me permettrait de mener à bien ma mission et il en est sorti que le camion aménagé serait mon compagnon de chemin idéal. Je n'ai trouvé de sens à mon futur qu'à dix-sept ans en décidant de devenir nomade pour le reste de ma vie, et depuis j'œuvre et organise mon existence selon ce rêve.

J'ai donc attendu avec impatience le beau jour où j'aurais terminé de construire ma maison, pour commencer mon voyage.

Mais c'est en foulant le sol, mon sac à dos et ma tente sur l'épaule, que j'ai réalisé que ma vie était déjà une aventure. C'est en regardant le paysage à travers les grandes vitres des trains rapides, les prés à perte de vue et les forêts voisines des rails. C'est en prenant le volant de ma petite voiture, en laissant la musique flotter dans l'habitacle et en scindant l'horizon rosé par le lever du soleil. C'est en me réveillant de l'autre côté du pays et en voyant les vagues s'agiter, l'odeur des algues et les cris des mouettes. C'est, plus rarement, en descendant l'escalier qui relie l'avion de la terre ferme d'un nouveau pays dans la carte de mon cœur. C'est en me réveillant glacée sur le canapé d'un ami loin de chez moi, par besoin d'évasion. C'est en contemplant les étoiles d'un ciel protégé par les lumières de la ville avant de m'endormir. C'est cette permanente envie d'excursion. C'est la moindre occasion sur laquelle je saute chaque fois que je peux m'enfuir.

France, Bretagne, Portugal, Espagne, Canaries, Canada, Québec, Suisse, Tunisie, Belgique, Autriche, Pays-Bas.

Partir à la rencontre de nouveaux visages, nouvelles cultures et nouveaux paysages constitue d'or et déjà, le périple de ma vie. Vivre simplement dès que le quotidien me le permet, est déjà un bout du roman. Il y a longtemps que j'ai pris cet autre chemin, celui qui nous sort du lot, et qui nous emmène vers des jours extraordinaires. Celui qui nous fait rencontrer l'ailleurs et notre propre personne. Celui du rejet de la routine et du salariat sédentaire. Il ne suffit pas toujours de partir à des kilomètres, car cet état d'âme qui me guide, cette flamme qui m'anime, ce besoin constant d'escapade, cette soif de découverte, fait déjà de ma vie et de mes choix un voyage. Le voyage. Depuis le début.

MINIMALISTE ITINÉRANT

Par Pierre Mendiboure

Le temps de peaufiner

20 février 2020, Florent nous rappela que c'était l'ultime limite du dépôt de « nos » œuvres. Depuis trois semaines, en marche sur les côtes maritimes sud du Portugal, je me trouvais fort dépourvu, sans ordinateur ni anticipation, pour écrire les mille mots qui tournoyaient dans ma tête.

La frustration me fit écrire le tout, d'un trait, en deux trois heures sur mon simple smartphone et envoi sans recul.

Par chance, ma nouvelle fut gardée et je pus mesurer l'impréparation du texte lors de la publication des cinquante écrits de 2020.

Cette année, seconde chance, j'ai l'ordinateur et un mois : merci Covid...

Tout vient à qui sait attendre

Comme au manège pour enfants, nos yeux fixent le singe qui vole tout autour de nous, notre attention hypnotisée par cette queue imprévisible qui nous promet un tour supplémentaire...

Ainsi en est-il de mon désir de nomadisme qui m'a obnubilé depuis mon adolescence et qui a pris forme, comme beaucoup de jeunes familles, pendant les vacances d'abord.

Puis, habitant en campagne profonde à plus de 80

kilomètres de mon travail, j'ai pris l'habitude d'y aller en camping car. Et puis, le divorce à 50 ans, les formations professionnalisantes, les entreprises d'ici et de là bas, d'y vivre quasiment toute l'année. Jusqu'au jour où, la soixantaine approchant, devenant mon habitation unique,

J'ai pris adresse obligatoire au CCAS en tant que Sans Domicile Fixe.

Et cherché une des rares assurances qui accepte de couvrir mon Habitation Principale Mobile.

Déambuler avant le déambulateur

Je vis donc dans un profilé de 5m99. Son histoire décrit mon probable futur.

Son premier propriétaire, ouvrier dans une usine aéronautique, a passé tous ses loisirs en randonnée accompagné par plusieurs fourgons aménagés : par ses soins puis par des artisans spécialisés.

Pour ses 75 ans, le couple a vu grand en investissant dans un petit profilé : plus « dedans » et moins « dehors » vu le grand âge avançant.

Mais vite, monsieur, conducteur habituel, perdit réflexes, équilibre et vision. A force de dégrader les contours du véhicule, ils décidèrent de le vendre pour terminer leurs vies, immobiles, dans leur pavillon de banlieue.

Mon ultime étape sera sédentarité... et dépendance.

L'expérience est une bougie qui n'éclaire que celui qui la porte

Trente ans de pratique et un océan de convictions. Convictions basées sur des actions et réactions bénéfiques sur le moment, dans un contexte unique, à une période particulière. Étant devenu peu sociable, ayant vidé toute mon énergie relationnelle pendant mon activité passée, j'écoute, lis ou vois, les avis et commentaires sur les réseaux sociaux. Je n'y participe guère car « mon formatage » m'handicape pour échanger sur des perceptions, ressentis ou croyances : une carrière dans le « factuel » anesthésie notoirement l'expression des émotions. Chaque avis reste donc un simple avis, un parmi tant d'autres et n'oblige personne. Pour aller loin, (a)ménager sa monture.

Certains avouent que les 3,5 tonnes maximum (en France) les obligent à limiter leurs bagages pour leurs vacances. Peu de *fulltimers* (campingcaristes ou vanlifers vivant à l'année) s'expriment sur leur difficulté à « tenir » le poids maximum autorisé.

En Europe, la densité de commerces et services est telle que vivre en flux tendu paraît possible : à chacun de décrire son minimum vital et stock nécessaire.

Vivant été/hiver dedans, mon vélo aussi à l'intérieur car sans aucun coffre à l'extérieur, 20 % de mes rangements restent vides. Pourtant alourdi par l'indispensable boite à outils, perceuse/visseuse, plaques de désensablage, treuil 4 tonnes et autres accessoires de secours pour le moteur ou la cellule, le tout pesant ses 50 kilos.

Avoir tout et s'en contenter

Avoir un véhicule en toute autonomie permet d'aller, sur les routes carrossables, presque partout : la limite, c'est souvent nous. La terre mère est tellement immense que les interdictions deviennent marginales.

La discrétion et l'humilité ouvrent beaucoup de possibles.

Être invité dépend de l'acceptation de l'autre. L'indigène (qui est lui, chez lui) a moins besoin de nous, que nous, de lui. Ce qui nous dérange chez eux convient à leur large multitude.

La beauté de leurs paysages habités est le fruit du travail de générations d'hommes que nous ne valorisons même pas comme leur héritage. Notre extrême jubilation de la découverte surprend l'autre qui sait que l'essentiel est plus profond. La connaissance d'un territoire mérite temps et imprégnation.

Voir, c'est « passer ses vacances », regarder, c'est le voyage.

Itinérant : (dictionnaire) qui n'est pas sédentaire, qui
exige des déplacements

À l'entrée de villes touristiques en France, des limitations de temps de stationnement sont indiquées : 24 heures, 72 heures. En règle générale, au delà de 7 jours, vous êtes en stationnement abusif : 35€ et fourrière potentielle.

Vouloir vivre à l'année en camping car c'est se conformer à l'obligation de se déplacer très souvent.

Minimalisme : (dictionnaire) courant de l'art apparu
début des années 60 aux États Unis. Adjectif appliqué, aussi,
aux individus favorisant la sobriété matérialiste.

Il ne s'agit pas de perdre du poids mais de s'alléger en termes d'achat. Réduire le nombre d'ustensiles à forte valeur d'image mais faible en utilité d'utilisation. Nos normes sociales valorisent l'accumulation, la mode, le gadget.

Arriver à être, à exister, sans « avoir » les signes habituels de la réussite. Revendiquer une sobriété désirée pour montrer aux générations futures, un exemple différent. Démontrer une capacité à bien vivre et à s'épanouir avec peu de consommations énergétiques.

Par bonheur, les jeunes générations intègrent que se servir goulûment des réserves de notre terre (parallèle avec le réfrigérateur) amènera inexorablement à la fin (faim puisque le frigo est vide !).

Itinérant et minimaliste !

Se déplacer c'est, à chaque pas, l'opportunité de rencontrer paysages et gens et d'en être « bouleversé » Léger car sans ostentation, c'est l'opportunité d'être « accueilli »pour ce que l'on est et pas pour ce que l'on montre.

Notre vie n'est que simple passage sur Terre, alors,

allons de ci de là... Demain est déjà trop tard. Dans les pays occidentaux favorisés, la soixantaine, c'est l'âge de « enfin, on va faire ». Mais qui intègre le fait que, à la naissance, l'âge maximal moyen en bonne santé est de ... 65 ans ?

Ouf, pour ceux qui ont atteint 65 ans, la durée restante, en bonne santé, en moyenne, est de 10 ans. Combien de temps pour faire le deuil de notre enfance : toute la jeunesse ?

Le deuil de notre jeunesse ? Il y a plusieurs étapes pour « faire » le deuil (7 ?). Acceptons de ne plus être, d'avoir été ... pour vivre le moment présent. Notre moment présent sera d'autant plus « page blanche à écrire » que nos décisions antérieures n'auront plus d'incidence : la charge financière de nos frivolités passées pèse-t-elle encore sur notre quotidien ?

Mon chemin

Les multiples variantes du chemin de Compostelle ont un trait commun : la sensation de paix et de sécurité. Chemin habituellement bien balisé vers « l'aller », beaucoup moins sur « le retour ».

Même les chiens sont habitués au passage de randonneurs/pèlerins : les gens, tout autant.

Pour l'instant en France, Espagne et Portugal, je chemine durant plusieurs semaines à chaque fois. Les étapes font de 10 à 15 kms en fonction de la géographie mais surtout de la difficulté à stationner pour la nuit. En principe, tôt le matin, je pars en vélo par une route « normale ».

Au bout de 10 à 20 kms, je le dépose à l'endroit envisagé la veille sur la carte. Emplacement où, d'une part, je pourrais le récupérer en camping car et, d'autre part, nécessairement, proche du tracé du « Camino ». Ensuite, à pied, par LE chemin, je rejoins le point de départ initial. Vers midi, au mieux, je retrouve mon véhicule et vais aussitôt reprendre mon vélo.

En pleine campagne, le gabarit m'impose quelquefois d'emprunter des routes plus larges, ce qui fait que je passe par 3 voies différentes, entre à pied, à vélo et véhicule. Deux directions, trois vitesses, trois hauteurs... De quoi mieux s'imprégner des paysages traversés.

Libéré des contraintes de travail, grâce à l'âge, libéré des contraintes matérielles, grâce à une vie de « peu », libéré des sommations à consommer, grâce aux valeurs inculquées par mes ancêtres basques, je termine ma probable dernière dizaine d'années en bonne santé en cheminant légèrement et lentement, confiant de qui je suis yeux et oreilles ouverts au monde qui s'avance.

À TIRE D'AILES ET SAC A DOS
RÉCIT D UN PIGEON VOYAGEUR

Par Julien Scala

Holà ! J'ai 34 ans et le pigeon voyageur, c'est moi. La passion du voyage m'a kidnappé en 2012. J'ai acheté un sac à dos (petit) et je suis parti à la découverte du monde. Ma première destination a été La Réunion, puis d'îles en îles (Madagascar, Mayotte, Maurice, le Sri Lanka, Les Canaries), de l'Australie à la Nouvelle Zélande, de l'Amérique du Sud à l'Inde et tous les pays de l'Asie du Sud-Est. Depuis 2012, pendant environ 72 mois, j'ai découvert et je me suis régalé de terres inconnues. Je me suis émerveillé face à une nature inimaginable. Malheureusement, en voyant le degré de pollution des océans martyrisés et des terres maltraitées, je me suis aussi beaucoup attristé.

« Pourquoi un pigeon voyageur ? » me direz-vous. Simplement, parce que je reviens au nid chaque été, 4 ou 5 mois, pour me ressourcer physiquement et financièrement et passer du temps avec ma mère, ma sœur et mes trois neveux. J'ai ainsi passé les huit dernières années sans hiver rigoureux. Car oui, vous avez peut-être remarqué que je suis un amoureux des pays chauds.

L'année 2020 a été particulière en raison de la crise sanitaire. En mars dernier, j'étais en Inde. J'ai rencontré des difficultés pour dénicher un vol et rentrer en France. J'ai laissé quelques plumes dans plusieurs réservations de retour annulées et non remboursées,...

Je passe donc l'hiver 2020/2021 en Bourgogne sur mon

petit lopin de terre en bord de Saône dans un bungalow que j'ai aménagé pendant les étés 2019 et 2020. J'ai recouvert les façades de bambous et j'ai transformé en petits meubles ou banquettes de nombreuses palettes que j'ai pu récupérer.

Cet hiver est particulièrement froid et je suis absolument frigorifié même si mon petit poêle à bois diffuse une chaleur appréciable dans le bungalow. A l'heure où j'écris ces lignes, les terres agricoles et la route sont totalement submergées. La Saône est en crue. Les eaux arrivent jusqu'au portail de l'entrée. Je vois à perte de vue des étendues d'eau agitées de vaguelettes et là, juste à quelques mètres sur la route inondée, un couple de cygnes au plumage immaculé glisse majestueusement sur les eaux grises. C'est tout simplement beau.

Mimine, mon chat gris, vit avec moi dès que je reviens au nid. Il dort juste à côté de moi sur le lit. Il ne met pas la moindre petite patte dehors. C'est bien connu, le chat n'aime pas l'eau ! Rassurez-vous, lorsque je parcours le monde, Mimine a un abri douillet et une nourrice pour les croquettes.

Afin de nous inonder de soleil, de chaleur et de teintes chatoyantes, j'ai envie de vous emmener en Amérique du Sud et tout particulièrement en Colombie. D'octobre 2018 à avril 2019, à la suite de la Colombie, j'ai parcouru l'Equateur, le Pérou, la Bolivie, le Chili, l'Argentine, Ushuaia et l'Uruguay.

Je voyage toujours « léger » avec un sac à dos minimaliste. Je privilégie la marche et les bus, évitant de séjourner dans les grandes villes et évitant la plupart du temps les circuits touristiques. Je me sens aussi très « léger » concernant la langue espagnole. Je connais cinq mots : holà – no – si – bien – como estas. Je compte bien m'immerger totalement dans ce nouveau voyage et parvenir à Ushuaia en m'exprimant correctement en espagnol. Cela fait aussi partie de mon projet de voyage.

Voulant limiter les coûts, je prends un vol avec escale de Paris à Fort Lauderdale, puis un second vol me dépose à Carthagène.

Bienvenue en Colombie pour un mois environ afin de

relier la frontière avec l'Equateur, de *guesthouse* en *guesthouse*.

Le site connu de la Vallée de Cocora m'a laissé des souvenirs magiques. J'arrive en fin d'après-midi à Salento à bord d'un chiva (superbe bus colombien peint et multicolore diffusant une joyeuse musique). Je repère, à l'écart du village, une *guesthouse* calme avec une terrasse qui offre une vue magnifique. C'est très important pour moi. Je m'installe sur la terrasse et observe une dizaine de colibris au plumage coloré et luisant. Je remarque la finesse de leur long bec. Ces oiseaux minuscules volent très vite. L'un deux s'arrête en suspension face à une jolie fleur orange à corolle. J'ai l'impression que ses ailes battent en accéléré (comme un mini hélicoptère), ce qui lui permet de faire du sur place. Je vois le fin bec s'introduire dans le végétal. Les oiseaux se nourrissent de nectar et volettent de fleur en fleur. Je suis le spectateur d'un ballet unique et tellement beau. Une vive et joyeuse émotion m'envahit. Je lirai plus tard que ces petits oiseaux surprenants peuvent aussi voler à reculons, que leurs œufs de la taille d'un pois donnent naissance à des oisillons d'un centimètre. Difficile à imaginer. J'ai dégusté cette soirée dans le calme absolu et dans le monde de l'infiniment petit.

Le lendemain, à contrario, je vais plonger dans le monde de l'infiniment grand. Je vais découvrir l'arbre national de la Colombie, le palmier à cire.

Ressourcé par une bonne nuit, je me lève très tôt pour une randonnée d'environ 5 heures 30 qui me mènera aux fameux palmiers à environ 1900 mètres d'altitude. Je vais essayer d'éviter le tracé classique et de m'égarer un peu pour plus d'authenticité. Devant moi, j'aperçois deux « locaux ». Je décide de les suivre. Grâce à mon « appli » de rando, je tourne à droite dans un petit sentier bien caché. Trois petites rivières à traverser sur des tiges de bambou m'emmènent dans une nature luxuriante. Je suis seul. Il fait très chaud et humide. J'ai l'impression d'être en immersion dans la jungle. La pente devient très abrupte. Je grimpe et je m'essouffle. Quelle chaleur étouffante !! Je fais des pauses régulières pour respirer calmement et pour écouter le chant mélodieux des oiseaux et admirer leur plumage multicolore. J'ai l'impression que leur chant me guide et me montre le chemin d'accès aux palmiers. Deux heures plus tard, je grimpe toujours parmi les arbres courts, les arbres hauts, diverses variétés d'herbes, de fleurs, de mousses, les fougères, les racines envahissantes. Une large fenêtre s'ouvre soudain devant moi et me voilà sur une petite plaine face à la vallée et aux palmiers. Waouh, je me sens ridiculement minuscule ! Ces palmiers à cire sont les plus hauts du monde, jusqu'à 60 mètres. C'est grandiose et hallucinant ! Espèce protégée depuis 1985, ces arbres ont failli disparaître. La cire de leurs troncs servait à la fabrication artisanale de bougies.

Je m'assois et contemple ce panorama saisissant. Mon regard se perd dans l'immensité et s'envole jusqu'à la cime de ces géants. Les forêts d'autrefois envahissent à nouveau la vallée, forêts entières, compactes, plantées de palmiers géants serrés les uns contre les autres. Je devine, dans la brume éthérée, les silhouettes des paysans indigènes, grimpant et récoltant au couteau l'épaisse couche de cire qui recouvre les troncs. Ils fredonnent à l'unisson un chant ancestral rythmé par le bruit des raclements réguliers. Le temps s'est arrêté pendant 1 heure 30, peut-être 2 heures ou plus, qu'importe.

Je reviens dans la réalité pour constater, malheureusement, les abus de l'Homme qui ont mené à la presque disparition de l'espèce. Toujours cette escalade humaine à toujours vouloir tant et plus jusqu'à la destruction !

Le temps est passé si vite. Je fais demi-tour pour rentrer par le chemin habituel de randonnée. Rempli de couleurs, de paix et de grandeur, je me réjouis d'avance, le ballet des colibris m'attend sur la terrasse...

En parlant d'oiseaux, une petite pensée planante me vient à l'esprit pour l'impressionnant condor noir, symbole de la souveraineté et de la liberté colombienne.

Après un mois passé en Colombie, je me suis offert un nouveau tatouage : le sablier pour conforter l'une de mes certitudes : prendre le temps de vivre, profiter de mes voyages et me réjouir.

Des femmes et des hommes souriants, accueillants,

toujours serviables, des maisons et des boutiques aux façades peintes de couleurs vivifiantes, les cris sympathiques des « tinto » (vendeurs de café sucré ambulants), la Colombie me laisse le souvenir d'un pays multicolore, inondé de soleil, bercé par la musique et la joie de vivre.

Depuis près de dix ans, ma vie est un beau voyage et comme le chantait si bien Serge Reggiani : « Je veux des histoires, des voyages. J'ai tant de gens à voir, tant d'images, des enfants, des femmes, des grands hommes, des petits hommes, des marrants, des tristes, des très intelligents et des cons. C'est drôle les cons, ça repose. C'est comme le feuillage au milieu des roses. »

AU PROCHAIN VIRAGE

Par Antoine Lemaitre

Samedi, une heure et quarante-cinq minutes de l'après-midi... Ça y est, c'est le weekend. Il fait plutôt beau et je n'ai rien de prévu en particulier, alors pourquoi ne pas aller marcher un peu ? J'ai la chance d'avoir ce petit bout de GR, qui démarre à quelques pas de mon lieu de travail. Il est à deux, trois chansons à pieds. Quand je suis dans un environnement très urbain, très bruyant ou peu apaisant, la musique est ce qui me permet de m'échapper. J'écoute tellement de musique que parfois je mesure le temps en nombre de morceaux. Cela reste un peu vague me direz-vous, écoutant tout style de musique, il est vrai que certains morceaux font moins de trois minutes et d'autres entre huit et quinze. Mais en moyenne, c'est entre trois et cinq minutes.

Enfin bon, revenons à nos moutons. Aujourd'hui il fait beau et bon, alors une fois arrivé aux portes de mon chemin, on coupe la musique. Afin d'écouter un morceau sans fin, totalement improvisé, apaisant et bienfaisant : le son de la nature.

On y est... Je le vois.

Ce petit panneau en bois en forme de flèche, avec des marques colorées dessus. Deux traits horizontaux collés l'un sur l'autre, rouge et blanc. C'est à la fois pour moi, le point de départ de notre voyage, mais aussi le point de sortie de notre monde. Ce monde si rapide, bruyant et stressant. Alors allons-y, changeons de monde.

Il faut quand même faire quelques pas sur ce chemin

avant de réellement quitter l'ambiance sonore de cette zone urbaine. Et pas à pas, l'ambiance change, le long des champs notre chemin nous emporte. Un peu plus loin sur la gauche, je vois un autre chemin qui rejoint le notre à travers champs. On voit bien que ce n'est pas un chemin aménagé. Il s'est sûrement tracé naturellement au fil du temps, sous les pas des habitants de cet hameau que l'on aperçoit là-bas, de l'autre côté au Nord.

Il m'est arrivé plusieurs fois, avant d'aller travailler le matin, de m'arrêter au milieu de ces champs. De m'assoir sur un ballot de paille, et de fermer les yeux vers l'Est, vers les premiers rayons du soleil. C'est ce que j'appelle un instant parfait. Parfait pour apprécier la lumière et la chaleur du lever de soleil d'été. Les sensations sont si agréables, et le paysage si envoûtant ! Le calme, la lumière et la chaleur des rayons sur le visage. Le bonheur, car le bonheur est dans l'instant, il est à la bonne heure. De parfaites sensations pour démarrer une journée.

Allez, continuons notre chemin...

Après un virage sur la droite, on se retrouve vite entre deux parcelles privées. A droite du chemin, un terrain habité et à gauche du chemin, un terrain avec des chevaux. En général je n'ai pas besoin de les appeler pour les voir de près. Il me suffit de m'approcher du portail du terrain, et au bout de quelques instants, ils rappliquent. L'un d'eux vient justement de m'apercevoir, et vu la vitesse à laquelle il arrive, il doit vraiment avoir l'habitude des visites. Et sûrement des visites gourmandes. Mais mon pauvre, je suis désolé, je n'ai rien à t'offrir. A part peut-être, cette herbe bien verte et bien épaisse qui se trouve à mes pieds, et de mon côté de la clôture. Et bien mon bel ami, visiblement ça te convient. Et hop, hop, hop, c'est parti pour ton copain qui arrive au galop, j'imagine qu'il doit être jaloux. Allez, deux trois poignées chacun et je poursuis mon chemin.

Un peu plus loin et un peu plus bas, le sentier est marqué par deux imposantes pierres posées à même le chemin. Sûrement afin d'éviter la suite du sentier à quiconque aurait l'idée de venir ici autrement qu'à pieds... Pour moi, elles signifient autre chose, un nouveau cap de franchi.

Nous y sommes, enfin ! Le premier virage, vers l'aventure...

Ce chemin a pour moi tout le charme que l'on retrouve, au début des aventures de Bilbo, Frodo et Sam dans les histoires de Tolkien. Rien de physiquement semblable, mais je trouve qu'il y règne une certaine innocence qui nous pousse vers la nature. Qui nous pousse loin de chez nous, vers l'inconnu. Et peut-être vers des péripéties, qui sait.

La curiosité et l'envie d'aventures nous donnent de l'espoir. L'espoir de faire face, si possible à de gentilles péripéties. Car on a beau chercher l'aventure, une fois qu'elle nous a trouvé, on fait souvent moins le malin. Puis, en y repensant, on sourit et on les raconte, on les partage. C'est exactement cette innocence que je ressens à partir de l'instant où je dépasse ces pierres.

A partir de là, le chemin monte sinueusement vers l'Est. Toujours entre les champs mais à l'abri de talus de chaque côté du sentier. Sur lesquelles de somptueux arbres feuillus nous couvrent des intempéries. Et une fois en haut de ce petit enchaînement de virages, imaginez une longue allée vers l'Est. Un chemin avançant droit entre les arbres, avec si on a un peu de chance, au petit matin, les rayons du Soleil nous éclairant, en passant au travers de ce toit végétal. Et au soir, la lumière de plus en plus discrète, qui nous éclaire par l'arrière. Peu importe l'heure, la lumière y est fantastique. Cette petite allée, longue d'à peine une chanson, surplombe la région vers le Nord. Quant au côté Sud, il est caché par des haies. Un peu plus loin, on peut voir un petit portail entre les haies. Un portillon menant sur un terrain toujours entretenu de manière impeccable, et avec pour seul occupant quelques ruches et leurs habitantes. Toujours sur le côté sud de ce sentier, on peut y retrouver, à mi chemin environ de cette allée, une croix en pierre. Une croix surélevée, avec une petite niche dans sa base. A l'intérieur de laquelle, on trouve souvent un ou deux bouquets de fleurs sauvages. Ce monument porte le souvenir d'une autre époque.

Une époque où seules les familles les plus aisées

pouvaient enterrer leurs proches en ville et dans les cimetières. Pour le reste de la population, c'était en dehors des villes. Souvent le long des routes et des chemins. Alors on y installait ces petits monuments afin d'aider les défunts à trouver le salut après la mort, en manifestant leur soumission au divin par cette croix, pour ainsi atteindre le paradis. La légende dit que ces croix, précisément à des carrefours, sont pour ceux qui, ayant tout perdu, souhaitent récupérer un peu de bonheur en pactisant avec le démon. Les carrefours étant, selon les récits des anciens, les lieux de rencontre avec le vilain, les lieux de pactes.

Observez à votre tour toutes les croix qu'il y a un peu partout le long de nos routes et des carrefours... Et vous verrez qu'il y en a partout autour de nous ! Enfin bon, cette époque est lointaine et aujourd'hui, ce monument est plutôt là pour rendre hommage à des proches perdus. Et pour d'autres, il rend hommage à une divinité suprême et inconnue qui domine tout ce qui existe.

Une fois au bout de notre belle allée, notre chemin poursuit légèrement sur la gauche et en descente. Cette partie est souvent assez boueuse et abimée car les agriculteurs passent régulièrement ici avec leurs engins. Puis nous arrivons à un petit hameau. À la sortie de notre chemin, une petite maison qui me fait rêver à chaque fois que je passe devant. Un petit coup d'oeil sur la droite et nous nous trouvons sur un beau terrain bien vert, une charmante maisonnette en bois, avec une extension en pierres. Un terrain en effet, ni trop grand ni trop petit, faisant tout le tour de la maison, parfait pour y installer un potager et y voir gambader ses héritiers. Il y a aussi une belle grande table en bois dehors, parfaite pour accueillir les amis et la famille lors de belles soirées d'été sous les étoiles. Elle me fait vraiment rêver. Je me verrais bien ici après un beau et long voyage. Oui, je crois sincèrement que j'y serais bien.

Traversons ce hameau.

Après un ou deux morceaux, ou plutôt quelques centaines de mètres, car ici la musique de Mère Nature reprend le dessus, nous tournons complètement à gauche et nous retrouvons cette nature. Nous passons devant une grande demeure en pierre typique de la région et des siècles derniers. Un beau et grand manoir certes, mais j'ai quand même une très large préférence pour la maisonnette passée plus tôt. Nous suivons ensuite notre chemin entre les champs, comme souvent. Un virage à gauche et on se retrouve sous de grands arbres à nouveau. Encore une belle allée où, avec la lumière du soleil, on se sent transporté dans un autre monde. Continuons car nous approchons... Après, un virage à droite, nous nous retrouvons en descente, et au bout de quelques pas, je le vois : notre prochain cap à franchir, sous la forme d'un petit bois.

Ce petit bois, à mon avis, a sûrement été planté par l'homme. Je m'en doute, car on voit bien que les arbres, sont à écarts réguliers, formant des lignes symétriquement espacées. Et à partir de là, nous avons le choix. Passons-nous à gauche du bois vers le Nord ou à droite vers l'Est ? J'ai envie de traverser mon pays vers l'Est, mais mon instinct me dit de poursuivre tout droit. Toutes les routes mènent au Rhum dit-on. Alors qu'il en soit ainsi. Notre chemin longe le bois en direction du Nord, et ce dernier se poursuit assez loin visiblement.

Finalement, je vois qu'un virage se dessine vers la droite en s'enfonçant dans la forêt. La suite est un mystère... Vers quels horizons nous mènera cette option ? Je me le demande bien.

A chaque fois qu'un virage est en vue sur mon chemin, je ne cesse de me demander ce qu'il y a après. Peut-être un cours d'eau que l'on traversera sur des pierres ou sur un tronc d'arbre ? Et que se passera-t-il si je tombe à l'eau ? Vais-je être emporter sur des terres inconnus et dangereuses, et jusqu'où ? Peut-être que cela m'emmènera jusqu'à la mer ? Peut-être qu'après je me ferai attaquer par un requin ou autre bête marine qui voudra faire de moi son casse-croûte salé ? Qui sait, je suis peut-être plus sucré que salé... Ou bien il n'y a pas de ruisseau et je vais dégringoler d'une colline et tomber nez à nez avec des bêtes sauvages et dangereuses. Vais-je arriver devant un paysage envoûtant ? Une cascade, un lac ? Ou une forêt de ronces, d'épines et de bois mort ? Ou peut-être tout simplement, me perdre ?

Oui... Me perdre...

Me perdre, ce serait parfait.

Car c'est là que démarre la véritable aventure. Une fois dans l'inconnu et faisant face à l'inattendu.

En avant petit bonhomme ! Mon bandana, d'aventurier, ou presque, sur la cabeza. Ma chemise bleue fétiche sur le dos. Mon sac à dos sur les épaules, ma gourde, non dégourdie mais bien remplie. Et mon bâton à la main. Allons compagnons... Allons sur ce chemin et avançons jusqu'au prochain virage !

L'ÂME VOYAGEUSE

Par Sophie Soleil

Dans un ciel bleu si pur
Baigné de soleil
D'amour et d'azur
De lumière et d'éveil
Je m'émerveillais
Buvant la lumière
Mon être était prière
Devant tant de beauté.
J'ai oublié la raison
Qui m'a fait partir
J'ai perdu ma maison
Au nom d'un devenir.
Déracinée comme une étoile
Je me suis sentie poussière
J'ai mis les voiles
Pour cet immense mystère.
Il m'a fallu prendre corps
Prendre la vie
A bras le corps
Et m'appeler Sophie.
C'était le nom choisi
Pour une ancienne sagesse
Au début je n'ai pas compris
D'où venait ma tristesse.
Ce voyage m'a menée

Dans le ventre de ma mère
Où je me suis incarnée
En perdant un frère.
Je découvrais l'absence
Après tant de plénitude
Il fallait trouver un sens
A cette incomplétude.
Sur Terre, on traçait ma route
Mais il restait cette réminiscence
D'une autre forme d'existence
Qui me plongeait dans le doute.
Je contemplais l'horizon
Ignorant s'il était une illusion
Une limite à notre infini
A ce monde dont nous étions partis.
Puis j'ai découvert le soleil
Qui m'a réchauffée
Rassurée, bercée
Et tant d'autres merveilles
L'amour, l'amitié,
Le rire bienfaisant
La joie de l'été
Le génie des enfants.

Je suis tombée en amour
De l'océan
De ses vagues d'argent
Qui reviennent toujours
A leur origine
Marine.
Après cette vie nous retournerons
D'où nous venons
Mais notre passage sur Terre
Est un partage de lumière.

Parfois la danse des martinets
Dans le ciel de l'été

Me remplit le cœur
D'une indicible joie
D'une immense foi
Me ramène à ma demeure.

La montagne se métamorphose
A chaque instant
La vie est ce mouvement
Qui ose
Ce perpétuel devenir
Cet être qui peut grandir.

Je me souviens
D'une plage sans fin
Où le sable fusionnait
Avec le soleil ardent.
Près de moi l'Océan
Vibrait d'exister
Tout n'était que souffle et lumière
Mouvante, émouvante matière
L'infini, la liberté
Le bonheur d'aimer.

Aimer...
C'est donc le sens de ce voyage
Embrasser l'infiniment petit
Porter dans ses bagages
Le don de la vie.
Aimer...
Comme les cheveux dorés
De ma maman
Qui brillent au firmament
Dans cette éternité
Qu'est l'amour.
Aimer...
Apprendre et se tromper
Recommencer

Y croire
Garder espoir
Quitter sa peur
Ouvrir son cœur
Donner la vie
Porter son enfant
Donner son temps
Naître avec lui
Allumer un feu
Ouvrir les yeux.

Et voici que j'écris
Avec le langage du poème
Le voyage des mots qui se souviennent
Que tout est Poésie.

Et voici que j'écris
Des mots sans frontières
Qui jaillissent, espèrent
Rencontrer celui qui lit.

L'âme est cette voyageuse
Une étoile tombée
Sur la poussière
De la Terre
Pour Aimer
Dans cette errance heureuse.

Le 19 février 2021

L'INDE, CETTE ANARCHIE QUI FONCTIONNE

Par Myriam Ryngel

Mai 2011

Enfin pieds nus, connectée. C'était comme appel profond, une voix intérieure qui me disait « enlève tes foutues sandales ! ».

Le goudron sous mes pieds, la brise sur mon visage, le doux fumet des épices et l'agitation de la rue. Je suis dans un tout, et c'est magnifique.

Quelle expérience formidable de marcher en ville pieds nus ! Jamais je n'aurai pensé oser faire ça ! Mais ici, en Inde, tout est possible et inattendu !

***

Je suis rentrée dans un four qui chauffe. Oui, un four, voilà ce que j'ai ressenti.

Les portes de l'avion se sont ouvertes, première inspiration de l'air indien, première vague de chaleur sur mon visage.

Il est 3h30 du matin et il fait 30 degrés, le ton est donné. Un parfait résumé au final : « tu vas déguster, mais qu'est-ce que c'est bon ! »

Je suis en Inde ! JE SUIS EN INDE !! EN INDE !!! Je n'y crois pas ! Je me répète ça en boucle dans ma tête, avec le sourire aux lèvres. Première sortie hors d'Europe, je suis tellement excitée à l'idée d'être à l'autre bout du monde !

Hop ! C'est parti ! On monte dans le taxi direction le centre de Mumbai. Assis sur la banquette poussiéreuse à motifs fleuris, on reste silencieux jusqu'à l'arrivée à l'hôtel. On ouvre grand les sens, Gab à l'avant, Lucie et moi à l'arrière, face au vent.

Les yeux, le nez, les oreilles, tout est en ébullition, je n'ai jamais ressenti ça, mon mental se met à l'arrêt, il ne peut pas gérer, juste mes sens sont en éveil. Je ne cherche pas à comprendre ce qu'ils enregistrent, je le vis, c'est tout. Quel bonheur, faites que ce trajet dure longtemps !

Le chauffeur connait les moindres détails de la route, la moindre bosse, le moindre trou, il esquive tout. Les gens roulent comme des fous. C'est du grand n'importe quoi ! Klaxons, queues de poisson, motos, tuc-tucs, on se fait doubler dans tous les sens, on s'envole sur les dos d'âne, c'est du délire ! Mais comme je l'apprendrai plus tard, l'Inde est une anarchie qui fonctionne, tout est codifié, tout est pensé, ce sont mes yeux d'occidentale qui voient le chaos.

Sur les trottoirs et sur la route, des chiens, partout des chiens, des maigres, des crouteux, des sales. Lucie voit une vache allongée sur le bas-côté, elle sourit. Et moi, je vois des ordures. Ah ! Les ordures ! Une grande histoire, les ordures en Inde...

Les odeurs sont indescriptibles. Il y a celles que je reconnais comme la coriandre ou l'encens, celles que je redoute de reconnaitre mais qui sont bien présentes comme les excréments, enfin la merde, n'ayons pas peur des mots, la merde humaine, la merde animale, la pisse, âcre. Il faut nommer les choses et le réel car en Inde, on ne triche pas. Il y a aussi des odeurs totalement inconnues que mon sens olfactif n'a jamais perçu.

Tout cela me ravit au plus haut point. Je me laisse bercer, je me délecte de ce moment, heureuse d'être là, ici et maintenant.

Nous traversons un bout de campagne puis un bidonville immense s'étend de part et d'autre de la route. Tôle et bâches bleues, de la fumée sort des toits, combien sont-ils à vivre ici ?

Après la traversée d'un grand pont, nous voici en ville. Tout en contraste, apparaissent des immeubles magnifiques, d'un ancien temps, époque victorienne peut-être, coloniale. Des gens partout, debout, assis, qui marchent, qui discutent, qui mangent, un réchaud sur l'asphalte. Et puis des familles, c'est la nuit alors les gens dorment à même le sol. Certains sur un tapis, d'autres sur le bitume. Les enfants, enlacés dans les bras de leurs parents, semblent sereins.

Des méandres d'habitations en bouts de ficelle, cette misère me frappe, pourtant je trouve ça beau, magnifique, j'ai envie de tout enlacer. Tout m'est inconnu et je remercie l'univers d'être là.

Il y a de la vie partout. Les gens ne s'arrêtent-ils donc pas la nuit ? Je me sens bien, très bien, en confiance, libre et vivante.

***

Nous sommes dans le train direction Cochin. Il est 13h30 et Lucie m'annonce qu'il nous reste 4h de trajet, si tout va bien.

Les trains en Inde c'est fabuleux ! 1h de retard, c'est habituel, il faut juste prendre son mal en patience. Dans ce pays, tu apprends l'humilité. Mais l'avantage ici est que pour patienter, tu peux faire une sieste par terre avec ton tapis. Je me vois mal sortir ma natte en paille sur le quai du RER B, même si, sérieusement, ça m'a démangé plus d'une fois à mon retour en France !

Bon, déjà 13h dans ce train, ressenti 3 jours, et encore, on a une cabine, le grand luxe !

Ça change du trajet en classe populaire que nous avions fait. 8h debout ou assis sur ton sac, entassés, impossible de bouger donc tu n'as pas intérêt à avoir envie de faire pipi ! Certains s'allongeaient au sol pour se reposer un peu, un amas de corps, surtout les femmes plus âgées, alors on leur faisait un peu de place comme on pouvait.

147

Pour l'instant, j'ai la gorge engourdie par la clim, on ne m'y reprendra plus ! Les ventilateurs à pales font très bien le boulot, et je m'en tiendrais à ça la prochaine fois. Les enfants de la petite famille indienne qui partage la cabine m'impressionnent : à peine 5 ans et au menu c'est riz au piment et gingembre confit ! Rien qu'à sentir le riz, j'ai les yeux qui pleurent et les fesses qui se serrent !

J'ai décidé de tester la nourriture des vendeurs du train, advienne que pourra ! Un riz aux légumes et des beignets de banane. Chaï Chaï Chaï ! Une belle ritournelle qui enchantera mes trajets, le Chaï, c'est la vie !!

Lors de notre premier voyage en train couchette, au petit matin j'avais ouvert les yeux sur un nouveau paysage. Après une courte nuit de sommeil perchée sur mon lit, j'avais été éblouie. Jamais je ne me lasserai de cette magie de la surprise. Départ du train en centre-ville, à la nuit noire, seules les lumières sur le quai. Puis, plus rien : la nuit à travers les vitres, les rideaux tirés. Et le matin, pleine d'excitation, c'est le rituel de l'ouverture des rideaux, le début du spectacle. Que vais-je découvrir ? Roulement de tambours ! C'est un paysage rouge. Du sable rouge, des arbres verts. J'aurai aimé être peintre impressionniste pour capter sur la toile ces impressions éphémères. Une photo fera l'affaire pour graver cela dans ma mémoire.

Mais aujourd'hui, c'est différent. Je regarde par la fenêtre et je me sens « intégrée ». Je n'ai plus ce besoin boulimique de me goinfrer de paysages et de rester dans l'entre wagon, les portes ouvertes, cheveux au vent.

Allez, hop ! Un brin de toilette dans les W.C. plus que douteux, rinçage express avec le « jet à cul » et je retourne m'allonger.

Franchement quelle découverte ce pommeau de douche miniature ! C'est génial ! D'ailleurs j'en ai installé un à mon retour en France, et sincèrement je m'en sers quotidiennement. C'est tellement pratique pour tout plein de choses !

Au mois dans le train, même si les toilettes sont vraiment sales, elles ont le mérite d'exister ! Il y a toujours une astuce pour les utiliser malgré la crasse. Alors que dans les bus, c'est la catastrophe quand on est une femme ! Oh oui, il y a bien des arrêts pipi, mais ils se résument à un stop vite fait sur le bord de la route ou dans une gare routière faite de cabanons de vendeurs de nourriture. Et là, c'est le sketch : il y a des tranchées creusées dans la terre, et tous en ligne, on s'accroupit, fesses à l'air pour faire ses besoins.

Pourquoi ne connaissais-je pas le « pisse debout » à l'époque ?! Parce que bon, déjà faire pipi les fesses à l'air au milieu des Indiens, non merci, mais alors en étant une femme européenne, hors de question !

Bref, je commence à en avoir marre de rester dans ce train. Alors je décide de courir après le vendeur ambulant pour acheter une barre chocolatée, ils sont rapides les bougres ! Le temps que je trouve le vendeur de « chocolate bar » qui s'est volatilisé, Lucie discute avec nos colocs de cabine. Ils partent en vacances, et ça fait 24h qu'ils sont dans le train ! La notion du temps n'est vraiment pas comparable. Les enfants sont sages, patients, ils n'ont pas de jouets, mais s'occupent bien. Lucie me dit qu'il leur reste 10h de trajet... si tout va bien !

Miam Miam j'ai réussi à avoir ma barre au chocolat ! 20 roupies, les filous !

**

Aujourd'hui, en sortant mon passeport pour remplir la fiche d'accueil de l'hôtel, quelle surprise ! C'est celui de Gab ! Flûte, il est parti avec mon passeport ! Encore un imprévu...

Gab a rencontré une Norvégienne sur la plage et il a décidé de continuer son voyage avec elle dans le nord du pays. Lucie et moi continuons notre périple vers le sud pour rejoindre Laurence et Joris, c'était bien le but du voyage, rejoindre nos amis !

Bon, je m'occuperai de ça plus tard, pour l'instant je profite, je m'émerveille dans les *backwaters*. Jamais mes oreilles ne se sont autant délectées ! Les oiseaux, les criquets, si puissant ! J'ai l'impression d'avoir un casque stéréo sur les oreilles, mais non, ça vit fort, ça raisonne et le concert est magnifique. Ça me prend aux tripes. Tout le monde est silencieux dans la barque et tout le monde admire... Là ! Un martin-pêcheur ! Quelle merveille !

***

Voilà... je suis seule, livrée à moi-même. Mes amis sont rentrés en France. La séparation était un peu tristoune. Après trois semaines de vie commune, je me retrouve seule à Pondichéry.

Et purée ... je suis heureuse comme jamais ! Ma famille est au bord de la crise cardiaque, mais tant pis, moi je suis sereine et j'ai hâte de découvrir ce qui m'attend. J'ai dû déclarer mon passeport perdu et me voilà à quémander une autorisation au consulat. En attendant je suis sans papier.

Mais tout va bien, j'ai compris le fonctionnement du pays. Je file m'acheter des vêtements de locaux à la boutique du coin, histoire de me fondre dans le paysage, et puis Pondichéry, c'est facile ! On y parle un peu français ! Enfin, mon voyage commence, celui qui sera à mon image, sans compromis, face à moi-même, mes désirs et mes démons, mes forces et mes faiblesses.

***

Il s'est passé tellement de choses cette semaine, impossible de retranscrire tout cela sur papier. Kunal est parti. Quel vide ! Trois jours mémorables ! On s'est rencontré dans un petit restaurant où je dinais tranquillement. Deux jeunes Indiennes sont venues me parler, curieuses de voir une occidentale. Lui me voyant avec elles, écrire sur un cahier, pensait que je signais un autographe et que j'étais actrice à Bollywood ! En fait, avec la barrière de la langue on communiquait par dessins.

Entre voyageurs solitaires, on s'est tenus compagnie, et c'est vraiment chouette d'être avec un Indien en Inde. De par sa double culture, indienne et australienne, il m'a expliqué beaucoup de choses. Il m'a fait goûter de la bonne nourriture, m'a décrit quelques coutumes, m'a baladée sur sa moto, et appris quelques mots en hindi.

Notre dernière soirée restera mémorable. On s'est incrustés dans une soirée pour les salariés d'une célèbre banque française, en majorité des expatriés. On s'est fondus dans la masse. Enorme buffet, bière fraiche, on en profite bien, malgré quelques regards interrogateurs, mais quelle importance ! On nous appelle pour le discours, vite on s'en va ! Quelle crise de rire ! On rejoint la plage pour déguster un Kulfi, c'est une glace à base de lait concentré à la pistache et au safran.

J'apprends à conduire sa moto, je me sens pousser des ailes ! Tout devient possible et simple ! Mes rêves ressuscitent, quelle agréable sensation !

De là où j'écris, le soleil se couche, la vue est magnifique, je suis si bien. Sur le toit de la *guesthouse*, je vois la mer, et plein de petits écureuils sautillent autour de moi !

Vivement demain !

***

Aujourd'hui c'est balade sur le remblai. J'y rencontre Davendra. Il vient du Rajasthan me dit-il, pour étudier le français à Pondi. C'est un passionné de la langue française. D'une caste dite basse, il se bat pour devenir guide touristique, mais sa famille ne le soutient pas. Il est aussi collectionneur de pièces et billets du monde entier. Alors son temps libre, il le passe à marcher près de la plage dans l'espoir d'échanger avec des étrangers, et ça fonctionne !

On sympathise et papote plusieurs jours d'affilé. Il m'invite à une fête organisée par son école, « la fête du triomphe », littéralement écrit en français. Il est fier de pouvoir ramener une française, alors je joue le jeu pour lui. Pour la première fois, je monte à trois sur une moto ! Epique ! Trop drôle ! Non je n'ai pas eu peur ! Ça m'a plutôt fait marrer !

Le lendemain, je le croise sur la plage avec Perrine,

stagiaire dans une ONG. On décide d'aller au cinéma de l'Alliance Française voir un drôle de film sur la vision des jeunes concernant le mariage forcé au Pakistan. En sortant, une pluie de mousson s'abat dans la rue et nous nous abritons, tant bien que mal, sous un porche. Il est marrant Davendra, il ne comprend pas pourquoi aucune française ne veut de lui, il pense qu'il est trop maigre. S'enchaine alors une discussion sur l'Europe, on essaye de lui dire que ce n'est pas le paradis qu'il croit, comme tous le croient d'ailleurs, mais c'est difficile, le cliché est bien ancré. Et pour lui, à partir du moment où je m'achète un billet d'avion, que je paye un hôtel, c'est que j'ai des sous. Il n'a pas tort. J'ai un toit, à manger tous les jours, des vêtements, un passeport.

Nous n'avons pas la même notion de l'argent, il m'écoute, essaye de comprendre. Le fossé est grand, mais au final on s'en fiche, on rigole bien.

***

Bon allez, je me décide, je vais acheter une bouteille de bière. Quoi ??!! Oui je sais, c'est presque de l'inconscience d'aller dans une boutique d'alcool, seule. Mais au diable l'avarice et les conventions sociales indiennes ! Et j'ai bien fait car j'ai rencontré Mani devant le magasin.

Manikandan, mon ami, Kumani, Surender, Maruthi et Kumaran, mes petits frères de cœur. La notion d'instinct prend tout son sens dans une situation pareille. A qui puis-je faire confiance ? Je suis seule, jeune femme sans papier. Si je monte sur sa moto, je pourrais ne jamais réapparaitre, mais je pourrais aussi vivre une nouvelle expérience.

Avec Mani, le courant passe tout de suite, on s'entend bien, même si on ne se comprend pas toujours, car il parle un sacré anglais, mêlé à du tamoul, faut suivre ! Mani est mon sauveur, mon ange gardien, à partir de maintenant, il va veiller sur moi comme un membre de sa famille, et je lui en serai éternellement reconnaissante. Grâce à lui, j'obtiens mon nouveau passeport, car je ne m'en sors pas. Ce n'est pas que ça m'inquiète car je n'ai aucune envie de rentrer, mais ça bloque mes journées.

Tous les matins, je me rends au consulat. Et tous les matins, j'attends en salle d'attente 2h, 3h, pour me voir dire, « Come back tomorrow ! »

Personne ne me reçoit jamais, on me regarde de travers, personne ne parle français, ce que je trouve très étrange d'ailleurs.

Le responsable, est un agent qui se prend pour un cowboy, il a cette démarche de petit chef qui abuse de son pouvoir. Et moi, j'ai juste besoin qu'il tamponne ma feuille.

Cette fois Mani m'accompagne et m'accompagnera plusieurs jours durant, pour régler mon problème. Désormais, me dit-il, tu es accompagnée d'un Indien, alors ça va aller.

Enfin, le cowboy nous reçoit. Mani me dit de baisser les yeux, de ne croiser ni les jambes ni les bras et surtout, de me taire.... Mon sang ne fait qu'un tour ! Nan mais pour qui il se prend !! C'est fini le Moyen-Age !!

Bon... apparemment non... Mani me dit que c'est que comme ça que le cowboy écoutera, que c'est comme ça que ça fonctionne ici et qu'il faut que je m'y fasse si je veux qu'il tamponne ma feuille.

Soit !

Le shérif à l'égo surdimensionné veut bien sortir le tampon de son tiroir si je lui donne 20 000 roupies ! WHAAAAT ?? Plus de 200€ ?!! No way !!

A la sortie du rendez-vous, Mani calme ma colère et me dit qu'ici, ça se passe comme ça, que je suis une femme, seule donc pas le choix ,et le cowboy, au service de l'Etat, rappelons-le, ne cédera pas.

Je n'ai pas les moyens de payer et je ne demanderai rien à ma famille, jamais je ne me soumettrai à ce chantage infâme ! Je vais contacter l'Ambassade à New Dehli !

Mais Mani me propose de payer le bakchich en téléphones portables de sa boutique. Il ne perdra pas d'argent, car ce sont des téléphones offerts par ses partenaires.

Il m'explique que comme ça, il tissera un lien avec un

agent du gouvernement, au cas où, un jour il aurait des soucis, il saura qu'il pourra faire affaire avec lui.

Sincèrement je suis outrée ! Mais j'abdique, et accepte son offre.

Le lendemain, je reçois ma feuille avec le fameux tampon. Je me sens plus libre il est vrai, mais je redoute le moment du départ, car on me donne 10 jours pour quitter le pays.

Je vais tacher de profiter à fonds des derniers jours dans ce pays fabuleux.

Mother India, on l'aime profondément au premier regard ou la quitte, car trop éprouvante. Il n'y a pas de juste milieu, Mother India nous enlace de tout son être.

***

Grace à Mani, mon voyage prend un tournant plus spirituel, juste ce qui me manquait pour être comblée. Après une visite à Auroville, il m'emmène au temple de Ganesh. On a acheté le panier d'offrandes n° 65, avec une noix de coco, deux bananes, des fleurs blanches et une fleur de lotus. Dans le temple, Mani fait ses rituels, je le regarde attentivement. L'officiant fait des prières, coupe la noix de coco, jette des pétales à Ganesh et nous marque le front d'une poudre blanche, qu'il faut également lécher.

Mani m'avoue qu'il a beaucoup prié pour moi, pour que ma situation administrative se résolve, même si il est triste de me voir partir. Alors il souhaite qu'on aille remercier l'homme grâce à qui tout s'est arrangé si rapidement, enfin selon lui.

Nous voilà en route à travers la campagne, direction un petit temple à 10 kms de Pondichéry. Ça sent bon le café et la canne à sucre. Les gens s'y rendent à pieds et souvent le mardi, car apparemment c'est un jour puissant pour les esprits.

Le corps d'un homme repose sous un tas de fleurs au centre du temple. Mani m'explique qu'il aurait résolu beaucoup de problèmes et éclaircit des situations dans sa famille. S'il aime cet homme, me dit-il, c'est parce qu'il sent son pouvoir et que jamais, on ne lui a demandé de l'argent. Pour le remercier, il suffit de rendre aux pauvres. On achète des gâteaux et de l'encens, et l'officiant nous fait avancer au plus près du corps. Décidemment Mani me réserve bien des surprises ! Il en profite pour faire bénir mes fleurs en plastiques que je prévois d'accrocher dans ma voiture en France. Après les rituels et les bénédictions, nous voilà à faire trois fois le tour du mausolée, puis trois cercles avec l'encens, dans le sens des aiguilles d'une montre, puis dans le sens inverse. On s'arrête ensuite devant cet arbre majestueux, un tronc pour être plus précise. Il est en plein milieu du temple qui a été construit tout autour. Plein de morceaux de papiers, de bougies et de l'encens y sont accrochés. Il est beau ce tronc et semble plein de vie. C'est l'arbre sâdhu qui abrite l'esprit de l'homme. On s'assoit, on remercie, on touche le tronc, les yeux fermés, la tête vers le haut. Que de protocoles ! Superstition ou pas, peu m'importe. On communie, c'est beau et intense, ça me fait du bien. Une forte émotion m'envahit et mes mains me brulent. On me tape sur l'épaule pour m'offrir un gâteau. Tu vois, me dit Mani, on reçoit déjà des cadeaux.

Merci Mani pour ce moment extraordinaire.

Bon c'est pas tout, mais une grosse fiesta nous attend ! On y retrouve tous les copains ! On rigole bien, on danse et il y a même un bassin pour se baigner ! Le grand luxe !

Au cours de la soirée, les garçons commencent à se confier à moi. Ils savent qu'ils peuvent me parler sans être jugés, une étrangère à leur culture, avec une autre ouverture d'esprit.

Surender me raconte son histoire, c'est triste, digne d'un drame bollywoodien. Ça me fait tellement de peine. Ce sont des gens géniaux et ils méritent tellement mieux que ce qu'ils vivent. Surender a une peine de cœur : « J'ai aimé cette fille pendant 3 ans, je ne l'ai pas touchée, même pas un ongle ! Mais le père de la jeune fille a interdit notre relation et du jour au lendemain nous ne nous sommes jamais revus. » Il était si malheureux que son cœur a séché, me dit-il. Il voulut mettre fin à ses jours mais il continue d'avancer pour sa sœur, il doit l'aider à financer ses études. Quand elle aura fini, je me tuerai. Il ne croit plus en la vie et se sent incapable d'aimer. Mon dieu, il a 21 ans...

Je me dis que moi avec mes petits soucis.... Je n'ai pas le droit d'être malheureuse, je me dois de vivre et de profiter, je suis née sous une bonne étoile, dans la bonne partie du monde. Alors par respect et pour eux je vais tout faire pour ne pas m'apitoyer et vivre mes rêves.

Kumaran viendra me parler plus tard, il me raconte ses souffrances. Son père n'accepte pas son amoureuse, il lui réserve une autre femme. Il est si jeune mon *little bro'*, il se noie dans l'alcool et les cigarettes. Il me parle de vie toute définie et gravée dans le marbre, de mentalités qui n'évoluent pas, alors que le monde, lui, change. Je comprends pourquoi le mariage avec des étrangères est leur porte de sortie, leur salut. Ils sont pris au piège entre le poids des traditions et l'évolution de la société. Pris au piège par la famille et l'argent.

Le couple cristallise en fait tous les dilemmes de la jeunesse indienne.

***

Avant notre dernière journée, Mani veut me présenter à Junior, un ami. Il m'emmène chez lui au dernier étage d'un immeuble qui abrite des boutiques. Une petite pièce, un balcon et une salle d'eau. C'est très vétuste et surtout très sale. Une paillotte au sol, deux oreillers, et c'est tout. Pas de vêtements, pas de réchaud. Il vit vraiment là ? Ou c'est une planque ? Je ne sais pas et je ne saurai jamais, mais c'est l'issue de secours de Mani quand sa mère ferme la porte de la maison pour son comportement non conforme. C'est là aussi qu'il se cache de son père. « Business, business, Fuck ! » Son père a de grands projets pour lui, mais Mani veut juste faire une pause et s'amuser un peu. Bière, biryani, et franche rigolade ! Quoi de plus pour être heureux ? On joue, on danse, on profite de chaque instant, ensemble sans penser à l'avenir.

***

« On fera une fête pour toi quand tu reviendras », me dit Mani. Il est temps de partir pour Mumbai. Je voulais y retourner avant de rentrer. Mani veut m'accompagner un bout de chemin, il m'accompagnera jusqu'à Bangalore, ma dernière escale. La séparation est horrible, de grands silences, de grandes embrassades, on pleure, on se réjouit de s'être rencontré et on se jure de garder le contact.

***

Quel vide ! Je me retrouve seule dans la chambre d'hôtel. Maintenant il me reste trois jours pour me balader et imprégner chaque cellule de mon corps et de mon âme de ce pays fantastique.

Mon ventre me fait souffrir, c'est le stress du retour mais aussi mes intestins, j'apprendrai plus tard que j'ai choppé une bactérie.

Je suis triste de devoir quitter ce fabuleux pays, ces gens si extravagants, si courageux.

Cette intensité de vie.

Les bruits, les odeurs, les gens, la solidarité, la pauvreté, la corruption, les couleurs, les énergies, la nourriture, la simplicité, la générosité. Ce voyage m'a bien nettoyé, un grand ménage dans mon être ! Tout va terriblement me manquer.

Mother India, tu m'as touchée en plein cœur !

LE DÉCLIC

Par Vincent Sauzeau

Salut ! moi c'est Vincent, mon prénom commence par un « V » comme Van, mais surtout comme Vie.

Dans cette petite histoire, je vais vous parler d'un très beau moment que j'ai vécu pendant mes premières vacances dans les Pyrénées, avec « Suppositoire » alias « Suppo ». Ce nom, pour notre van nous est venu à ma chérie et moi, car on trouvait qu'il se faufilait partout, puis on trouve vraiment qu'il a la forme d'un suppo, ça nous fait rire.

Mais avant de vous parler de ce que j'ai vécu, revenons un peu avant, bien avant même.

Lorsque j'ai eu le l'idée de ce projet de van, je me suis renseigné, j'ai regardé beaucoup de vidéos sur le sujet, pas pour une vie en van à l'année, non, mais tout d'abord pour découvrir les vacances en van, pour expérimenter ce mode de vie.

Mes recherches étaient concentrées sur : Quel fourgon serait le mieux pour moi ? Quelle marque ? Quel modèle ? Quel serait le budget ? Comment en aménager un, etc.

Puis ça y est je l'ai trouvé ce fameux fourgon, un Hyundai H1 que j'ai aménagé moi-même en van. Après des mois à bricoler dessus, il est prêt pour nous emmener découvrir tous ces lieux merveilleux et incroyables, pleins de charme pour certains, et mystérieux pour d'autres. Le thème de base : bord de mer, qui ressemblera plus à une cabane champêtre au fil du temps, grâce aux guirlandes et aux pommes de pin récupérées lors de randonnées, ainsi, qu'un jolie plaid vert qui me fait penser à cette mousse que l'on retrouve sur les troncs d'arbre et les galets en bord de rivières.

Je suis très fier de l'aménagement que j'ai fait.

Lorsqu'on est parti avec « Suppo » pour la première fois, je ne savais pas à quoi m'attendre. Je m'imaginais bien sûr, par rapport aux vidéos que je regardais et aux témoignages entendus. Mais le vivre à travers des vidéos et le vivre en vrai, le ressenti est vraiment tout autre.

Déjà le ressenti de vivre pendant quelques semaines avec cette impression de liberté, de ne pas avoir un endroit à nous, mais de partager tous ces lieux où la nature nous accueille. Que tout notre nécessaire, notre « vie » que l'on transporte de droite à gauche avec nous tous les jours, est dans ce fourgon, c'est incroyable. Comme quoi on n'a pas besoin de beaucoup dans la vie.

Le jour du départ, le fourgon bien chargé, et toute chose à sa place, nous démarrons pour l'inconnu du voyage en van.

Ces premiers kilomètres de route me rassurent déjà sur le fait que tout est bien fixé, rien n'est tombé dans les virages et toutes les affaires reste bien rangées à leur place.

Puis spontanément dès que je croise un fourgon qui pourrait être aménagé, ou un van déjà aménagé j'ai envie de leurs crier « Hey ! Moi aussi je suis en fourgon aménagé ! ». C'est comme si on croisait des amis que l'on ne connaissait pas encore, mais qui sont dans le même état d'esprit que nous.

Après quelques heures de route on fait une pause le midi pour un pique-nique bien mérité, où l'on sort la table, les deux chaises et de quoi manger pour un moment de détente. C'est marrant de tout avoir à porter de main, on est vraiment dans une petite, toute petite maison.

Après avoir bien roulé et profité de notre après-midi de

randonnée et profité des lacs, vient le moment que j'adore, la recherche du « spot » pour la nuit, car c'est bien là que les aventuriers en nous ressurgissent. On scrute, on observe, on cherche et on recherche avec détermination le lieu le plus adapté pour passer la nuit.

Puis une fois celui-ci trouvé et qu'on se pose « tranquillos », on savoure ce moment privilégié, impatient de découvrir la vue magnifique, que nous ne verrons que le matin au réveil, car nous sommes arrivés dans un épais brouillard. Cependant la surprise n'en sera que plus belle.

Nous sortons les chaises, la table, on tire la pergola, on

prépare les bières, le jus de légumes, les chips et on profite de ce moment où on n'a pas de timing à respecter. Ça, c'est des vacances en van !

Après une bonne nuit de sommeil, on se réveille dans notre petit cocon à nous. On ouvre les rideaux et la waouh ! Quelle vue ! De magnifiques couleurs orange, rouge, qui apparaissent sur les montagnes. C'est magnifique, on en reste figé.

Puis, je sors du van, et c'est à ce moment-là, que je vais vivre ce ressenti, ce sentiment qui m'a fait tellement de bien. Je devais vivre ça.

Quand je suis sorti du van, face à ces montagnes gigantesques, je me suis senti tout petit, je ferme les yeux, je m'étire, je sens cette brise douce et fraiche à la fois, l'odeur humide du matin, ainsi que les bruits de la nature, le chant des oiseaux, les cloches des moutons qui se baladent. Et là je me sens tellement bien. Comme si plus rien ne compte à part ce moment-là. Ce moment présent, où je n'ai plus aucunes pensées.

En fait, je prends conscience qu'il faut juste arrêter de s'inquiéter pour toutes les choses que l'on traverse, et de la nécessité de vivre le moment présent avec joie et amour, quoiqu'il se passe.

Ces vacances en van m'ont vraiment permis de lâcher prise sur mon quotidien, de déconnecter du rythme effréné de cette société qui en veut toujours plus et tout, tout de suite. Maintenant je pense positif et je vis le moment présent avec énormément de plaisir et je profite à fond de ce que la vie m'offre.

Depuis ces vacances, dans ma vie de tous les jours, aussi bien personnelle que professionnelle, lorsqu'il y a des choses qui m'énervent ou qui ne me plaisent pas, je ne veux pas le vivre avec des émotions négatives, alors je m'efforce de voir le côté positif. Même si ce n'est pas tout le temps facile, j'y travaille.

Je ne pourrai plus voyager sans van, on a vécu tellement de beaux moments en voyageant de cette façon. Tantôt seuls et isolés en forêt, tantôt dans l'ambiance d'un camping. Et je sais qu'on va encore vivre beaucoup d'autres beaux moments.

Aux lecteurs qui liront ces mots, prenez le temps de prendre du temps pour vous. Je l'ai personnellement découvert lors de mes vacances en van.

Maintenant je van(ne) tout en vivant, je suis Vincent.

VACANCES EN ITALIE

Par Fred Eric

Chaque année, nous attendons avec impatience les vacances d'été. C'est l'occasion de fuir le quotidien et ces routines. Cette année-là, nous avions décidé de partir tous les quatre visiter le nord de l'Italie. Et histoire de changer nos habitudes, ce serait avec la caravane de tonton. Cette caravane, ils l'avaient achetée dans les années 80, elle dormait toute l'année dans le garage et n'en sortait que l'été, pour les grandes vacances. Cette année-là, eux aussi avaient prévu de s'en servir, quinze jours avant nous.

On commence donc à regarder les campings et à prévoir notre itinéraire. Première semaine, la région des grands lacs, deuxième semaine, Rome et ses alentours. Et dernière semaine, la région de Venise. En quelques clics, les réservations sont faites, et les acomptes versés.

La date du départ approche lorsque l'on reçoit un appel de tonton annonçant une mauvaise nouvelle, ils avaient éclaté un pneu de la caravane sur l'autoroute, et celui-ci avait détruit le passage de roue et le meuble kitchenette, mais, bien plus grave, le châssis c'était déformé et dessoudé. La caravane était bonne pour la casse. On aurait dû interpréter cela comme un signe du destin...

Les réservations étant déjà réglées, il fallait trouver une solution rapidement. Un ami nous prête sa remorque, on achète donc une tente familiale, et nous voilà partis pour l'Italie. Le premier camping est un camping familial, il compte une trentaine d'emplacements et surplombe le lac d'Orta. Entouré de forêts, le cadre est très agréable, calme et reposant.

Troisième jour après notre arrivée, nous décidons de prendre la voiture et d'aller visiter Milan. N'ayant que peu confiance, on ne laisse au camping que la tente et la remorque. Lorsque nous arrivons à Milan, pour des raisons de facilité, on gare la voiture dans un parking payant et surveillé, au terminus d'une ligne de métro: Molino Dorino. Arrivés dans la gare, je me dirige vers le distributeur de tickets pour en acheter quatre. Je glisse un billet de 20€ et celui-ci se retrouve coincé. Par chance, je trouve un technicien pendant que ma femme garde le distributeur. Ce distributeur était « équipé » d'un classique piège à billet. Bref, nous finissons par prendre le métro, direction le centre-ville pour une journée de visite.

En fin d'après-midi, nous faisons le chemin inverse pour retrouver la voiture. Je sors la clé de ma poche et ouvre la voiture pour que l'on puisse enfin poser les sacs à dos. J'ouvre le coffre, et reste abasourdi. Je comprends de suite la situation, mais je ne peux m'empêcher de demander: — C'est toi qui a sorti les valises ?" Le coffre est vide !

On aurait pu y passer l'aspirateur. Tout avait disparu... Après un moment de silence, les filles se mettent à pleurer comprenant que l'on nous avait dévalisé. La plus petite pleure la perte de ses robes d'été, la plus grande, son téléphone. A ce moment-là, il ne nous reste plus que trois jours d'affaires sales restées au camping. Ils nous ont dérobé toutes nos affaires, une partie de notre réserve d'argent liquide, le multimédia (GoPro, PC, tablette, téléphone, le chargeur de mon appareil photo), les cartes routières et même les câbles de démarrage ! On navigue entre rage et désespoir. On décide quand même d'aller porter plainte. Et ce n'est qu'au bout de deux heures d'attente que je remplis moi-même le formulaire en espagnol car nous ne parlons ni l'italien, ni l'anglais. Le moral est au plus bas. Nous sommes vidés, tout comme nos téléphones portables après avoir passé de nombreux appels. Il est tard lorsque l'on remonte dans la voiture.

Je m'écroule dans le siège conducteur, pensant cette journée finie. Je mets le contact, et à ce moment précis, comme si ce n'était pas suffisant, le bracelet fantaisie de ma femme se casse. Une bille métallique roule et finie sa course dans l'allume cigare. Paf, le fusible grille instantanément. Il fait nuit, on est fatigués et désormais sans GPS. Pas d'autre solution que de chercher sous le tableau de bord... On pourrait penser qu'à ce moment-là, on ne pouvait pas faire pire, et pourtant...

Quelques jours plus tard, sur le trajet pour aller à Rome, lors d'une pause-café sur l'autoroute, je m'aperçois qu'un pneu de la remorque est fendu, il nous reste alors 300km avant d'arriver. On ne veut pas prendre de risques, il faut le remplacer. Mais nous n'avons pas de roue de secours et nous sommes un dimanche après-midi.

On reprend l'autoroute, on circule à la vitesse des camions jusqu'à la prochaine sortie, en espérant que le pneu veuille bien résister encore un peu. Par chance, juste après la sortie de l'autoroute, il y a un garage, qui est bien évidement fermé. On regarde par-dessus le portail et on aperçoit une dame qui est avec son chien. On lui fait signe, elle s'approche, et par chance elle parle français. On lui explique notre situation, que nous avons deux enfants et que nous ne savons plus quoi faire. Elle nous écoute attentivement, puis elle nous dit : « attendez, je reviens ». Deux minutes plus tard, elle revient nous voir et nous annonce qu'elle a eu son mari, il sera là dans une heure, il a accepté d'ouvrir le garage pour nous.

Avec plusieurs heures de retard, nous arrivons de nuit au camping et installons la tente à la lueur des phares. Nous sommes le 14 Août 2018 lorsque, nos portables se mettent à sonner. Ce sont nos proches qui appellent pour prendre des nouvelles car un évènement tragique fait le tour des infos : le pont de Gênes s'est écroulé faisant quarante-trois morts. Nous y sommes passé la veille...

Ayant perdu la moitié de notre budget, nous avons dû écourter nos vacances et faire l'impasse sur ce que nous avions prévu la troisième semaine. Tant pis, nous ne visiterons pas Venise, ce qui nous aura permis de couper le trajet retour.

Nous rentrons par l'autoroute A8, nous avons plus de 1200km à parcourir pour rejoindre notre maison dans le sud de la France. Evènement marquant, je double une Clio de couleur bleu, qui tracte sur une remorque exactement la même Clio bleue.

Le soleil se couche et même le pare soleil n'empêche pas les derniers rayons de m'éblouir. C'est décidé, dès que possible nous nous arrêterons manger. Nous voilà installés sur une table en béton lorsque je vois arriver la fameuse Clio bleue, et moins d'une minute après, dans un bruit de claquement métallique arrive une Twingo. Visiblement les deux conducteurs se connaissent. Ce sont deux jeunes, casquettes et claquettes, Ils discutent longuement au téléphone pendant que leurs voitures refroidissent capots ouverts. Nous mangeons nos sandwichs en observant le manège d'incessants aller retours et de regards dans le compartiment moteur de la Twingo qui a l'air bien fatiguée. Lorsqu'ils se décident enfin à repartir, ils démarrent la Twingo en la poussant.

De notre côté, nous finissons tranquillement notre repas avant de repartir.

Cette pause nous a fait du bien, le soleil s'est enfin couché et nous sommes bien installés dans la voiture. La radio est calée sur la fréquence Radio Trafic et le smartphone, quant à lui, nous indique le chemin grâce à l'application communautaire Waze.

Le trafic est fluide, je roule a 130km/h sur la troisième voie lorsque j'entends « attention véhicule arrêté sur ... ». A ce moment-là, tout va très vite, je relève le regard et je vois dans la lumière des phares une voiture arrêtée tous feux éteints sur ma voie. Plein d'idées et d'images se bousculent dans ma tête, si je ne fais rien, à cette vitesse-là, nous allons nous écraser comme un moustique sur un pare-brise. Je donne un coup de volant et j'évite de justesse le crash, les pneus de la voiture crissent, je sens la remorque secouer l'arrière de la voiture. Tout le monde est violement secoué dans l'habitacle, mais le pire est évité.

Je reprends peu à peu mes esprits, je n'en reviens toujours pas. Moins d'un kilomètre plus loin, devinez ce que je vois sur le bord de la route : la Clio bleue !

Aucun doute, le véhicule qui était arrêté tous feux éteints sur la troisième voie c'était la fameuse Twingo, qui faute de batterie n'avait pas de warning. Je réalise alors que leur imprudence a failli nous couter la vie.

Pour conclure, nous avons été de vrais chats noirs durant ces vacances, mais malgré tout, nous étions chanceux car nous étions en vie. Nous aurions pu être sur le Pont de Gênes ou avoir un accident sur l'autoroute.

Evidemment rien ne s'est passé comme prévu, nous n'avons pas visité tout ce que nous voulions et nous sommes rentrés une semaine plus tôt. Cependant nous avons passé de bons moments. Nous avons profité des animations du camping, et les soirées karaokés avec les Allemands resterons inoubliables. Nous avons profité différemment, balades et jeux de société en famille. Deux ans ont passé, et je n'ai toujours pas eu le courage de regarder les photos que j'ai prises durant cet été là. Malgré tout, quelque part, ces vacances nous ont soudés et nous a recentré sur l'essentiel, et les petits bonheurs du quotidien.   Etre heureux, c'est facile, il suffit de le décider...

VIE DE NOMADE

Par Valerian Zimmer

Il aimerait parler d'un rêve, celui qui lui tient à cœur depuis son plus jeune âge.

Jeune homme de 31 ans, expatrié depuis ses 27 ans, un grand coeur de voyageur, rêveur en herbe, ce premier matin de juillet est une matinée pas comme les autres, ce sera son dernier réveil dans une maison... fixe.

Un rêve, qui est en lui depuis ses 10 ans, est sur le point de se réaliser, une étape de sa vie, l'on peut dire aussi un tournant majeur dans son existence.

Le soleil estival réchauffe l'intérieur de sa chambre, les oiseaux sont déjà réveillés. Un an plus tôt, en octobre, il parcourait le web à la recherche de la maison qui ferait battre son coeur, une caravane portée, une cellule habitable que l'on met dans la boîte d'un pickup. Quelques recherches plus tard, il tomba sur une annonce qui lui tapa dans l'oeil : un superbe campeur de 2011 équipé quatre saisons, avec toilettes, douche, cuisine... Après un appel rapide mais concis, il prit la route pour une visite improvisée, accompagné d'un couple d'amis et de sa petite amie.

Cette visite était un peu comme une visite de maison normale.

Une fois arrivé sur place, il commença une inspection minutieuse, du toit au plancher, rien ne lui échappait, quelques informations demandées au propriétaire afin de connaitre comment une telle maison s'utilisait, au final, à part quelques variantes, c'est un peu comme une maison traditionnelle.

Deux heures d'inspection poussée plus tard et une petite négociation, le voilà propriétaire de son propre rêve... On peut dire que la première étape était accomplie. Cependant, il lui restait à trouver le fidèle destrier pour donner vie à cette maison, ainsi que les six roues qui lui manquaient pour se déplacer.

Pendant la période de ses recherches, il avait de quoi bouger sa maison, mais il savait que ce véhicule porteur n'était pas adéquat pour un tel chargement, mais il lui donnait l'occasion de profiter de cette petite maison aux alentours de chez lui.

Cinq mois plus tard et un hiver sédentaire, une matinée de printemps encore bien timide, il prenait la direction de la ville de Trois-Rivières, pour une nouvelle visite, mais cette fois-ci, il allait voir son potentiel futur cheval mécanique.

Une centaine de kilomètres passés, il arriva sur les lieux, le temps était maussade, mais sa motivation était intouchable. Un superbe F350 de 2002, dans un état très propre, quelques options, mais surtout ce véhicule était capable de porter sa maison sans soucis, avec une mécanique datée, mais fiable. Une heure plus tard il repartit avec, accompagné d'étoiles dans les yeux.

Malheureusement, le même mois, c'est à dire mars, quelque chose d'improbable arriva. Une pandémie est déclarée et un confinement en découlera quelques jours plus tard. Cette période fût dure pour lui, il lui fallait absolument installer des attaches pour fixer sa maison dans la boîte du pickup, le stress s'emparait de lui petit à petit, les semaines passaient et le confinement persistait, le mois de juillet arrivant à grand pas.

Il prit un moment pour réfléchir. Il décida de prendre rendez vous dès que possible pour les attaches, avant qu'il ne soit trop tard, ceci étant fait, il commençait, dans un mode nostalgique, à faire un tri dans ses affaires : « Que garder ou donner? »... Tout doucement, il préparait son futur départ.

Le mois de juin arriva, la situation était en train de s'améliorer, il pût faire installer ces précieuses attaches et faire son premier tour de pâté de maison avec son nouvel ensemble, il en fût ravi.

Le premier matin de juillet pointa son bout du nez, ce qui signifiait que son rêve était là, devant le pas de porte, il était sur le point de devenir nomade à temps plein. Il attendait ce jour avec impatience depuis bien longtemps, mais cela n'empêchait pas que le stress s'empara de son corps, plein de choses allaient changer aujourd'hui, mais aussi dans les prochains jours. Il savait que sa façon de penser et de voir les choses changeraient dans les mois à venir, ce qui le réjouissait d'avantage.

Il se leva de bonne heure ce matin-là, apprécia la chaleur du soleil sur son visage, dernier petit déjeuner et le voilà prêt pour cette transition qu'il attendait tant.

Il rendit les clefs à sa colocataire et se prépara pour le départ, il décida que sa première nuit sous le titre de nomade, il la passerait dans le tout premier endroit où il était allé avec sa maison roulante un an auparavant.

C'était un endroit calme, apaisant, loin du bruit de la civilisation, où la forêt déverse sa sérénité à chaque recoin. Il arriva sur place le soir, empli d'émotion. Il prit le temps de se stationner de façon à ne pas déranger et pour être à niveau, une fois garé, il sortit de son véhicule et c'est à ce moment là qu'il se rendit réellement compte de la raison qui l'avait toujours poussé à vivre ainsi : un superbe spectacle d'étoiles dans un ciel si profondément noir, et une magnifique danse de lucioles se déroulait tout autour de lui.

Depuis ce premier juillet 2020, il a parcouru plus de 8000 km au travers de la province en quête de bonheur et de découverte ainsi que de rencontres.

173

LA CAPSULE JAPONAISE

Par Benoit Martin

En tant que nouveau quinquagénaire il m'arrive de repenser à mes vingt ans, au siècle dernier, à ma première voiture, à mon tour de l'Amérique du Nord, à mon séjour en Europe comme aide jardinier, aux chantiers jeunesse aux quatre coins du Québec auxquels j'ai participé... Nostalgique ? Des fois un peu.

À 27 ans, j'ai suivi des amis un peu à contre cœur à un party d'halloween dans un bar sur la rue St-Denis à Montréal. Finalement je me suis bien éclaté et j'ai fait la rencontre d'une ravissante vampire qui allait devenir la mère de mon fils deux ans plus tard. Puis ont suivi les emplois aussi stables qu'ennuyeux, l'achat d'une maison, des vacances au bord de l'eau, des loisirs pour s'évader, les soupers en famille ou entre amis avec qui on a de moins en moins de choses en commun si ce n'est que le même âge...

Un peu par hasard il se trouve que sur les six véhicules (trois motos, trois autos) que j'ai eus, tous étaient de marque Honda, ayant comme réputation d'être une mécanique fiable je ne peux que confirmer ces « ouï-dire ». Ma dernière, une Honda Civic 1996, était cependant en train de tomber en morceaux dû à la rouille. J'allais devoir me résigner à la remplacer par un bolide du nouveau millénaire mais par quel modèle ? Après quelques recherches sur internet la Honda Fit semblait un choix judicieux : petit moteur économique et habitacle offrant beaucoup d'espace malgré son look de boîte à savon. Quelques semaines plus tard, Ghislaine me vendit la sienne en très bon état par l'entremise de Kijiji.

Notre fils grandissant, un jour il nous a présenté une copine, de fil en aiguille son lit simple a été remplacé par un lit double. Qu'allais-je faire du petit matelas multicolore affichant des animaux de la jungle ? L'idée m'est venue de le découper afin de l'imbriquer à l'arrière de la Honda Fit et d'en faire un cocon un peu à l'image des capsules japonaises servant de chambre d'hôtel. Une fois le siège avant complètement rabaissé, même un grand gaillard de 6'2 comme moi pouvait s'étendre confortablement de tout son long. Au fil des escapades, des améliorations se sont ajoutées : moustiquaires sur les fenêtres arrière pour un courant d'air, boîte de transport sur le toit contenant différent gadgets de camping facilitant une certaine hygiène de vie...

Ceux qui ont vécu plus de vingt ans en couple savent qu'il ne s'agit pas toujours d'un conte de fée, pour les autres... Profitez des bons moments et de l'instant présent.

Sans être dans une situation conflictuelle où volent les couteaux, disons que ma conjointe et moi étions dans une période un peu plus distante où chacun faisait ses petites affaires de son côté : « s'éloigner pour mieux se retrouver » comme dit l'adage et, pour ma part, m'éloigner dans mon motel roulant était devenu un pur plaisir !

Toutes les occasions semblaient meilleures les une que les autres pour partir, et la fin de semaine de trois jours de la Fête du travail n'allait pas faire exception. La destination était à déterminer, j'allais prendre la décision sur l'autoroute 40 entre Montréal et Québec où la monotonie du trajet peut laisser beaucoup de place à la réflexion. Ayant fait ce que j'appelle « le tronçon de l'ennui » vendredi soir, je me réveille donc samedi matin dans la vieille capitale. Voulant continuer mon périple vers l'est afin de voir le fleuve s'élargir, l'inévitable question alors se pose : rive-nord ou rive-sud ? Sans trop réfléchir je choisis la rive-nord où je pourrai m'attarder un peu dans Charlevoix, peut-être y faire une randonnée, avant d'arriver à ce lieu dont j'avais gardé de nombreux bons souvenirs :

Tadoussac.

Après à peine deux heures de route, je décide de m'arrêter pour me dégourdir les jambes à Baie-St-Paul, village pittoresque caractérisé par les restos, cafés et marchants d'art. Les touristes aussi nombreux que souriants me laissent toutefois une sensation d'errance mondaine ne me mettant pas particulièrement à l'aise. Je reprends donc vite la route presque soulagé de me replonger dans ces grands espaces, le fleuve et les montagnes, ne laissant presque pas deviner de présence humaine. Les changements climatiques feraient en sorte qu'il est maintenant possible de vivre une canicule au début septembre en région du bas du fleuve ou était-ce seulement vraiment exceptionnel ? Par cette chaleur, le Lac des Commissaires m'est apparu comme un mirage mais il était bien réel et je n'étais pas seul à avoir eu l'idée d'en profiter.

J'ai stationné mon véhicule sous un arbre comme aurait fait un cowboy avec son cheval. Je n'étais pas seul à avoir eu l'idée de la baignade, un petit groupe de jeunes profitaient déjà de l'étendue d'eau. Ne voulant pas gêner ce qui semblait être une joyeuse camaraderie, je me suis dit que j'allais me saucer les pieds et rester à l'écart. Hypnotisé par la clarté et la tiédeur de l'eau (je m'attendais à beaucoup plus froid), je suis resté immobile les mains dans les poches un moment avant qu'une voix m'interpelle :

« — Ça vaut la peine de se baigner monsieur, elle est vraiment bonne ! »

Un peu surpris, je fis un signe de la tête comme quelqu'un qui appréciait l'invitation dissimulant la déception de se faire appeler monsieur. Puis du lac aux tables de pique-nique d'autres politesses suivirent :

— Vous venez d'où ?

— Montréal

— Nous aussi ! Si vous passez par Tadoussac, on fait un show à l'auberge ce soir !

— Ok, eh, j'devrais aller faire un tour...

Puis ils sont partis dans un ancien minibus scolaire bariolé me laissant un nuage de diesel en guise d'au revoir.

Arrivé à l'auberge je fus frappé de constater que rien ne semblait avoir changé depuis toutes ces années, à part peut-être le prix de la bière. Mes jeunes baigneurs zen d'après-midi s'étaient transformés en jeunes rockeurs chaotiques du soir, virant le Café du Fjord à l'envers, comme je l'avais fait moi aussi à une autre époque (benbazar.bandcamp.com).

Étant vite rassasié de cette folie et du haut niveau de décibels, je quitte les lieux pour aller marcher au bord du fleuve sous un immense ciel étoilé avant de retrouver mon bolide dans lequel je me suis échoué pour dormir comme les baleines au fond des mers.

LA CHASSE BORÉALE

Par Marine Hermelin

Nous travaillons à la ferme une partie de la journée. Nous nourrissons surtout les animaux. Nous avons du temps pour nous reposer. Il fait beau tous les jours.

Nous sommes au mois de septembre, l'eau des chevaux est gelée presque tous les matins, mais il fait beau. Un vrai grand ciel bleu qui s'étire autour de nous toute la journée car nous vivons constamment dehors ou presque.

Le soleil nous réchauffe quand nous travaillons dans le champ. Nous y ramassons des morceaux de bois pour que celui-ci soit plus facilement cultivable. C'est probablement l'une des dix tâches les plus plates que j'ai eues à faire dans ma vie. Mais, un morceau à la fois, nous avançons tous les trois, mon copain, une autre bénévole, et moi. Le soir, nous mangeons tous ensemble, avec nos hôtes. Nous discutons, nous profitons de la soirée, et chacun repart dormir dans sa cabane. Nous allumons le poêle pour avoir chaud une bonne partie de la nuit. Et le lendemain, la journée recommence.

Le matin est frais, nous nous levons pour aller nourrir les animaux. Préparer les grains, faire les bons mélanges des bonnes quantités, compter et ramener les chevaux à l'enclos, observer les vaches, s'assurer de la présence de chacune et de leur santé. La journée est toujours belle, et après le premier repas, nous nous octroyons un café en relaxant.

Après presque deux mois à vivre à deux dans notre auto, la vie sédentaire en cabane est pour nous un confort.

Nous nous installons à notre manière. Un jour sur trois, après le travail, nous nous accordons une douche dans la pump house. Une serviette sous le bras, des vêtements propres, et un peu d'eau sont un bonheur que l'on oublie quand tout est accessible. Ici, nous en profitons avec conscience et gratitude.

Les jours sont les mêmes, et pourtant la vie est douce et sans ennui. Chaque matin les mêmes horaires, chaque journée les mêmes habitudes. Nous sortons très peu de la ferme, mais nous n'en avons même pas besoin. Au milieu de rien, tout est là pourtant. En moi cette impression d'être au cœur de l'essentiel.

Parfois le soir, nous nous mettons en quête d'aurores boréales. Nos conditions géographiques peuvent nous le permettre parait-il. Notre amie nous dit qu'elle en a déjà aperçues, ailleurs, juste un commencement à chaque fois. Elle nous explique les signes à surveiller. Avant de nous coucher, vers 22h, nous ne voyons jamais rien. Il est peut-être trop tôt. Ou parfois à peine une légère vague de fumée blanche, un mur de buée au loin. Ce serait un début.

Le matin nos hôtes nous demandent si nous avons assisté au spectacle de la veille, dans l'obscurité. Malheureusement nous manquons le show à tous les coups, bien au chaud dans notre lit, à l'abri du début de froid hivernal. Sans paresser, nous sommes pourtant peu tentés de nous lever en pleine nuit. Nous dormons tôt, pour être en forme chaque jour et travailler, profiter de la longue journée.

Nous nous décidons à programmer notre réveil. Nous luttons alors contre l'envie de dormir en pleine nuit, et celle de rester au chaud. Nous nous lèverons pendant notre sommeil, dans le moment qui nous semble le plus opportun pour cette chasse. La sonnerie que nous programmons alors pour nous réveiller devient dans mon esprit celle associée à notre quête. L'éveil en pleine nuit avec cet espoir au-delà de la couette, au-delà du toit de la cabane, pour aller sonder le ciel.

Une nuit je me lève, poussant mon copain qui somnole. Le petit carillon électronique a alerté mon cerveau en attente. Je m'incite, je me force. Il est environ 1h30 du matin, je me couvre par-dessus mon pyjama. En sortant sous la galerie de la cabine, j'accepte d'abord le froid sur mon visage, et l'obscurité à mes yeux. De belles étoiles bien visibles dans cette étendue toujours parfaite, mais rien d'autre. Je songe déjà à une déception de plus. Quelques pas plus loin, vers le milieu de la cour, et mes yeux libérés du toit se lèvent alors vers le ciel. Mon souffle se coupe naturellement sur cette chose colorée, et vivante comme un fantôme.

Une vague, un nuage distendu. D'un bleu palpable, bien au large au-dessus de ma tête. Ça se déplace, ça se meut, ça ondule à travers l'obscurité. Ça décrit des mouvements subtils de nuances et de reflets.

Au loin, les chiens du voisin hurlent dans la nuit, me donnant soudainement des frissons. Je me demande s'ils voient ce que je vois. Ou même s'ils voient plus, au-delà du spectacle visuel. Les Premières Nations y voyaient des interprétations possibles, un message lancé à travers l'atmosphère. Je suis figée par le froid et le mystique. Les larmes aux yeux, émue par cette beauté certaine, je ne deviens qu'admiration. Cette aurore occupe tout l'espace au-dessus de moi. Elle parait comme dans une danse folle. Je suis sur le point de m'allonger au sol pour la laisser me submerger, m'envahir, ou plutôt y plonger de moi-même. J'écarquille les yeux, le plus que je peux, pour emmagasiner ces images éphémères et furtives. M'en emplir, car je ne peux les prendre en photos. J'ai conscience qu'elles resteront une vidéo impeccable dans mon esprit, qu'il me faudra rejouer seulement par mes souvenirs. Et que j'essaie maintenant de retranscrire.

Mon copain m'a rejointe, sous mon appel, mal réveillé. Il semble moins enthousiaste que moi à cet instant. Mais c'est sans doute moi qui le suis trop. Je ne remarque même pas ses réactions, il disparaît de mon esprit, le temps est infini.

Il m'est difficile de retourner me coucher tandis que ces images continuent leur vie à travers le ciel. Je ne veux rien manquer. Il me semble que je pourrais rester des heures ici, le nez en l'air, à oublier le froid mordant, et me laisser absorber complètement par cette énergie. Elle m'a happée définitivement, et m'englobe.

——

181

Malgré l'obscurité et la température, plus rien d'autre n'existe ni ne me demande d'attention. Je donne toute celle que j'ai à ce flot magnifique. Je pourrais m'agenouiller-là et prier je ne sais quelle divinité, entrer en communion. Je me sens une humaine petite et ignorante des vérités de la nature. Mais je les accueille avec une résignation religieuse.

CARNET DE VOYAGE D'UN
BIKETRIP INITIATIQUE

Par Louis Dumas

Vendredi 3 juillet 2020. Saint-Girons (Ariège, France)

Ça y est, j'y suis. Le voyage est lancé. Mélange d'excitation et d'appréhension. Me voilà en selle, sur mon vélo de route que je connais si bien. Accrochée derrière, une remorque monoroue : ma réserve matérielle pour les jours à venir.

Nous sommes en milieu de matinée, dans une petite ville du Piémont pyrénéen. Après deux jours à profiter de ma famille dans un contexte sanitaire incertain, me voilà donc parti sur les routes de montagne. Mon objectif : rallier à vélo l'Océan Atlantique, en suivant au maximum l'itinéraire de traversée des Pyrénées, la « Route des Cols ».   Une première pour moi, synonyme d'initiation au voyage en itinérance à vélo. Projet à la préparation accélérée par la pandémie, cette idée a germé il y a quelques années déjà, et se trouve enfin concrétisée. Plus qu'un simple « tour de bicyclette », j'attends de ce voyage une expérience physique, sensorielle, humaine, et pourquoi pas culinaire.

Pour l'heure, je suis sceptique : au loin devant moi se dressent les montagnes, dont la vue éloignée me fait prendre conscience de l'ampleur des efforts qui m'attendent. Pour ne pas avoir de mauvaise surprise, j'ai planifié assez précisément chaque étape journalière. Si cela me rassure et élimine une part de doute (par peur de ne pas trouver d'endroit où loger par exemple), cette stratégie laisse peu de place à l'imprévu. Chaque jour, je devrai parcourir entre quatre-vingts et cent-vingts kilomètres, pour des dénivelés atteignant certains jours deux mille huit cents mètres.

Quelques kilomètres après avoir laissé ma famille bienveillante, ma motivation initiale est bien vite rincée par une bruine légère mais continue. Les collines du Plantaurel sont humides, et la maîtrise de mon attelage est encore précaire. Il devient difficile de profiter de cette partie de l'Ariège. Pour me redonner du courage, survient la première ascension de ce périple : le Col des Marrous. À mesure que je grimpe, les nuages se font de plus en plus denses, et je finis totalement immergé dans une légère brume. Un restaurant chaleureusement illuminé me fait de l'œil, mais je décide d'avancer : j'ai encore de la route, et suffisamment de nourriture dans ma remorque. Une poignée de minutes plus tard, me voilà arrivé au Col de Péguère. Dans le froid de ce jour d'été, je m'abrite à l'entrée d'une cabane en pierre pour recharger mes batteries. Impossible de profiter du panorama ou de me réchauffer. Je repars les muscles transis de froid, pédalant difficilement malgré le profil descendant de la route.

Afin d'éviter d'emprunter une descente réputée raide, je choisis une variante qui suit la crête avant de bifurquer dans la vallée. Pas de chance, elle est tout aussi pentue ! Je souhaite alors que mes freins ne souffrent pas trop du chargement dans cette situation. Malgré quelques frayeurs, je rejoins tranquillement la route du fond de vallon, en légère descente et au revêtement de bonne qualité. Le temps se réchauffe, et je rejoins ma destination du jour, la petite ville de Saint-Girons, en fin d'après-midi.

Vient alors le moment de rencontrer mon premier hôte, contacté grâce à la plateforme *WarmShowers* : Valentin est un charpentier, qui se définit « anarchiste » (attention, anarchiste et pas partisan du chaos, insiste-t-il !). Nous discutons beaucoup, de jardinage, de la société, ou encore de ses voyages : je pars avec lui dans le récit de ses deux ans passés à voyager à vélo en Amérique du Sud, et il m'ouvre généreusement ses carnets de voyage. Quelle belle philosophie s'en dégage ! Nous partageons enfin un repas dans la nuit tombante, et je fais connaissance de sa compagne, qu'il a rencontrée en Colombie. Tout compte fait, ce fut une belle première journée !

Samedi 4 juillet. Frontignan (Haute-Garonne)

Je profite d'un réveil matinal pour découvrir le marché de la ville, particulièrement réputé et recommandé par mes hôtes. Dans les allées, en effet, s'enchaînent fromages locaux, fruits et légumes produits de manière rustique, pâtisseries des quatre coins du monde, ou encore pains variés et uniques. Je repars avec quelques petits délices, ce qui rentre dans ma remorque me suivra dans le voyage, le reste régalera mes hôtes !

Je reprends la route en milieu de matinée. Direction la vallée de Moulis, tranquille et roulante. Vient ensuite l'ascension du col du Portet d'Aspet, dans un cadre magnifique et sous un grand soleil. Une petite descente technique m'amène au pied du col de Menté, à proximité de la petite station de ski du Mourtis. La route, refaite récemment, est gravillonneuse, raide, et la chaleur étouffante. Heureusement, au col se trouve un restaurant-auberge traditionnel. Ma faim me porte vers une salade composée du pays, dont les tranches de magret du Sud-Ouest et l'odeur du pain grillé se mélangent divinement avec les crudités aux couleurs variées. Le plat de résistance, une truite locale aux petits légumes satisfait mes papilles aux dépens de mon portefeuille. Un festin bien apprécié après cet effort, mais peut-être trop copieux quand vient le moment de repartir ! Qu'importe, après une courte digestion je repars en descente, où je profite de la vitesse que me donne mon chargement.

Depuis le village de Saint-Béat en contrebas, seuls quelques kilomètres me séparent de l'Espagne. J'effectue donc un bref aller-retour jusqu'à la frontière, avant de revenir dans la vallée pour me rendre chez mon hôte du soir. Je suis en avance, et ce dernier finit de travailler tardivement. Je profite donc de la fraîcheur apportée par un petit lac à une poignée de kilomètres de son village.

185

En début de soirée, Pablo arrive enfin, et m'invite gentiment à prendre mes quartiers chez lui. Alors que nous préparons des crudités et des grillades, il me détaille le roman de sa vie : d'origine argentine, il a effectué avec sa compagne un grand voyage en Amérique, à destination de son village natal. Aujourd'hui, il conjugue ses valeurs et sa sympathie dans une épicerie bio où il se rend souvent à vélo. Quel bon moment passé à table, au gré de ses aventures, dans la chaude nuit pyrénéenne !

Dimanche 5 juillet. Campan (Hautes-Pyrénées)

Le réveil est tranquille sous un beau soleil. Après un bon petit-déjeuner préparé avec soin, de concert avec mes hôtes, je pars en même temps que ces derniers qui profitent du week-end pour faire une randonnée. Il est agréable de voir que nous avons bien souvent le même état d'esprit, et partageons des passions communes.

Le début de l'itinéraire du jour se fait sur une route fréquentée. Vient la première difficulté du jour : le col de Peyresourde, particulièrement réputé dans les Pyrénées. Son départ est assez rude, je commence à sentir la fatigue des jours précédents. À mesure que je monte, ma forme revient en même temps que la chaleur. Dégoulinant, c'est avec un certain soulagement que je profite du magnifique panorama que m'offre le col. Après la descente, particulièrement véloce, je parcours le tour du lac de Loudenvielle-Génos pour admirer sa quiétude estivale, avant d'entamer l'ascension du col d'Azet. La route est assez pentue, la chaleur ne faiblit pas, mais je reste motivé et réussis à trouver un bon rythme. Là encore, le col m'offre une vision grandiose sur les vallées du Louron, d'une part, et d'Aure, d'autre part. Je termine mes quelques provisions achetées la veille en Ariège, et rencontre un couple pratiquant le vélo en tandem. Qui, d'eux ou de moi, était le plus intrigué par l'autre ?

Je repars ensuite en direction de la vallée d'Aure. La descente est un vrai plaisir, la route de fond de vallée qui s'ensuit un peu moins. Je m'arrête dans la petite ville d'Arreau pour me rafraîchir d'une glace artisanale et acheter un aliment de base de mon régime : du pain ! Cinq-cents grammes supplémentaires dans la remorque : en itinérance, toute charge doit être réfléchie, au risque de se révéler un véritable fardeau. Je reprends enfin la route pour franchir mon dernier objectif du jour : le col d'Aspin. Il est magnifique sous le beau temps caniculaire qui dure, même si je commence à sentir les kilomètres parcourus dans la journée. Sur l'autre versant, le temps est couvert, et seul émerge au loin le Pic du Midi, telle une île dans une mer de nuages. Au milieu de la descente, je marque un arrêt au lac de Payolle, en attendant de pouvoir me rendre chez mes hôtes.

Ceux-ci me prévenant de leur arrivée, je termine mon étape jusqu'à Sainte-Marie-de-Campan. Nathalie et Lilly, sa fille de trois ans, m'accueillent et m'installent dans une petite chambre attenante au garage. Le mari, Thomas, qui était allé faire du vélo, rentre un peu plus tard. Encore une fois, nos passions se rencontrent naturellement. Un bon repas préparé avec soin par Nathalie nous permet de discuter pendant la soirée, en particulier des voyages à vélo qu'ils ont effectués en France. Leur faible appétit après un déjeuner arrosé enlève toutefois un peu de convivialité à ce moment, mais cela n'entache en rien leur formidable hospitalité.

Lundi 6 juillet. Aucun (Hautes-Pyrénées)

C'est sous une épaisse brume que je me réveille. Après une vérification sur les webcams, je suis rassuré : le col le plus renommé de mon parcours, le Tourmalet, est au-dessus des nuages ! Je me prépare en vitesse, afin d'essayer de l'atteindre avant que le temps ne se gâte en altitude. Je pars donc sous une pluie fine, mais qui tombe sans discontinuer. Le début de l'ascension, sous une chaleur moite, n'est pas une partie de plaisir. La montée étant assez longue, je ne l'attaque pas trop vite. Certaines portions à fort pourcentage me donnent toutefois du fil à retordre. À partir de la station de

La Mongie, les nuages se dissipent progressivement, ce qui me motive pour la fin de l'ascension. La route est sympathique, le paysage – du moins, ce que j'en vois – également, et je croise des troupeaux, de brebis et de... lamas ? Après vérification, il s'avère que des élevages de ce type d'animaux sont présents sur les pentes du Tourmalet. Rassuré de ne pas être victime d'hallucinations, je profite au maximum du bonheur d'avoir atteint ce col mythique avant de retourner dans la grisaille de la vallée de Luz-Saint-Sauveur.

Une fois n'est pas coutume, je visite rapidement le marché artisanal, avant de me mettre en quête d'un endroit convivial pour me restaurer. Après une descente dans le brouillard et le froid, une spécialité locale me donne particulièrement envie : la garbure, soupe complète à base de légumes et de manchons de canard. Pourtant, quelle difficulté d'en trouver en cette période ! Je n'arrive pas à trouver mon bonheur, mais il est encore tôt, je décide donc de continuer dans la vallée. Au détour d'une ruelle du village de Beaucens, je trouve enfin ce que je cherchais : une auberge en pierres, à la terrasse calme et exposée au soleil. J'ai un peu tardé : théoriquement, le service est terminé et les derniers clients sont sur le point de partir. Je demande s'il est encore possible de se rassasier. Pensant que je cherche seulement à éviter une fringale, le cuisinier me propose une part de melon au jambon. Avec un peu d'insistance, il accepte gentiment de me préparer une garbure. Impatient de découvrir cette spécialité, je m'installe – seul – sur la terrasse.

Le moral regonflé après les difficiles conditions de la matinée, je repars ensuite tranquillement pour remonter dans le Val d'Azun, une des plus belles vallées de la région. La petite route que j'emprunte me mène, à travers de beaux villages, jusqu'à la bourgade d'Aucun, où Nathalie m'hébergera pour la soirée. Confiante, elle m'indique où se trouvent les clés, ce qui me permet de me relaxer avant son arrivée. J'essaie d'avancer quelques tâches ménagères pour lui témoigner ma reconnaissance. Quelques heures plus tard, elle et sa fille, Flore, âgée de deux ans, arrivent. Nathalie est ergothérapeute –

une autre découverte de mon voyage. Son mari, accompagnateur en montagne, est en séjour de randonnée. Ensemble, ils ont traversé l'Afrique de l'Est en tandem, et sont passionnés de voyages et d'aventure. C'est une véritable ouverture que de découvrir et d'échanger avec elle ! Nous discutons de notre vie, notre vision du voyage, nos projets. Elle me partage ses lectures et autres références. Encore une fois, notre échange se termine à travers un bon repas, qui s'achève avec une infusion que lui avaient laissée des cyclotouristes réunionnais ! Quel formidable moment, une échappatoire dans la longueur – certes agréable – de mes journées sur la selle.

Mardi 7 juillet. Oloron-Sainte-Marie (Pyrénées-Atlantiques)

Les spécialités pyrénéennes sont à l'honneur de mon petit-déjeuner ce matin, tout autant que les nuages sur les montagnes. Je retarde légèrement mon départ pour profiter au maximum des paysages que je vais rencontrer en cette journée. Rapidement, se dessinent les pentes du col du Soulor : la montée est agréable, pas trop longue ni trop pentue. Je tiens une bonne forme et ne cesse d'admirer la vue sur le Gabizos, un sommet majestueux qui apparaît sous un ciel pur. Au col, je prends le temps de discuter avec un groupe d'amis, qui m'a aperçu la veille dans le Tourmalet. Le monde est petit !

Comme un enchaînement incontournable en raison de sa proximité avec le premier col, je me rends ensuite au col d'Aubisque. La route, un balcon étroit, est vraiment magnifique, bien que dangereuse par moments : vide et tunnels s'y succèdent sans cesse, m'obligeant à maintenir mon attention, alors que mon regard est hypnotisé par le paysage que je surplombe.

Les jambes toujours en pleine forme, je redescends ensuite vers la station de Gourette, en traversant d'épaisses nappes de brouillard. L'arrivée au village de Larruns me fait prendre conscience que je me trouve à présent en vallée d'Ossau. Je me mets donc en quête d'un bon fromage local pour le déjeuner. Sur les conseils d'un cycliste rencontré plus tôt, je me dirige vers le lac de Castets. Je savoure un fromage de brebis aux noix et au vinaigre dans la fraîcheur de cet espace de détente.

Vient le moment de me remettre en route pour le dernier vrai col de mon voyage : Marie-Blanque. Etonnamment, beaucoup de producteurs vendent directement leur fromage tout le long de la montée. Hormis quelques portions raides, l'ascension est plutôt tranquille et la chaleur de la vallée s'estompe alors que j'arrive au plateau de Bénous, très fréquenté.

Je descends ensuite vers Escot. En chemin, je suis ralenti par une file de voitures, qui n'arrivent pas à doubler un troupeau de vaches marchant lentement sur la route. Profitant de l'étroitesse de mon vélo, je parviens à me frayer un chemin parmi les bêtes. Je continue ensuite dans la vallée d'Aspe, puis remonte vers celle de Barétous. Que de noms évocateurs pour un Pyrénéen ! Les routes sont devenues plus roulantes, avec un air de Pays Basque, dont je me rapproche. J'arrive ainsi rapidement à Oloron, un point clé de mon voyage : j'y retrouve mes grands-parents, que je n'avais pas vus depuis un long moment. Nous passons du temps à discuter, dans la fraîcheur de leur jardin, et accompagnés d'un repas préparé amoureusement, et dont les saveurs généreuses me rappellent mon enfance.

Mercredi 8 juillet. Seignosse (Landes)

La matinée est placée sous le signe du repos, à profiter de la présence réconfortante de mes grands-parents. Nous sortons visiter le patrimoine de la ville, et je me repose dans leur jardin ensoleillé. Après un déjeuner frais et savoureux, je repars sous leurs encouragements bienveillants.

Pour cette dernière étape, je me suis éloigné des montagnes : mon objectif est de rallier la paisible station balnéaire de Seignosse, où m'attendent mes parents. La route présente peu de dénivelé en comparaison avec les jours précédents, et je maintiens une vitesse élevée, gonflée par une motivation au beau fixe. Le seul inconvénient de ce type de route est sa monotonie, qui m'invite à ne pas m'arrêter pendant les deux premières heures. Je bifurque ensuite sur des voies secondaires, plus étroites, et pentues, mais moins fréquentées. Cela me redynamise dans mon effort. Une route fermée me pousse à faire un petit détour, heureusement le seul du voyage, et sans grande conséquence sur mon étape du jour. J'aperçois enfin la fin de ce périple, en arrivant sur des terres que je connais bien.

Après un ultime arrêt pour récupérer la « pizza de la victoire » que nous nous partagerons le soir venu, je finis tranquillement sur une piste cyclable. Il ne faudrait tout de même pas l'abîmer ! À l'arrivée, quelle satisfaction ! Mes parents m'attendent, je suis comblé, et dans une ambiance douce et chaleureuse je profite d'un coucher de soleil sur l'Océan Atlantique. Je suis bien fatigué, mais quelle superbe expérience !

Ce périple m'aura fait découvrir les réalités du voyage en toute simplicité : sans polluer, sans engager de frais démesurés pour se rendre dans des endroits surfréquentés, et rempli de contact humain : que ce soit avec les membres de ma famille qui ont rythmé mon voyage, ou avec les hôtes qui m'ont accordé leur confiance en accueillant un inconnu sous leur toit, et en partageant des tranches de vie magnifiques.

Toutes les formes de voyage m'attirent, mais je suis désormais convaincu que le cyclotourisme aura une place de choix dans mes prochaines expéditions : il est synonyme de liberté et d'autonomie dans tous les sens du terme. Il ne demande pas de grands prérequis, mais offre des possibilités infinies – pensons au bivouac que je n'ai pas encore expérimenté dans ce contexte. En attendant, je voyage au fil des récits de tous ceux qui m'ont précédé dans cette voie, en espérant éveiller à mon tour de nouvelles vocations...

LA NUIT

Par Laura Seeger

Cette nuit-là, le ciel était d'un noir lumineux, de cette couleur particulière, presque aquatique, transparente, qui donne l'impression de percevoir des formes étranges au travers. Les étoiles me fixaient de leurs yeux brillants et les nuages flottaient lentement comme des spectres grisâtres ou d'énormes poissons volants. Je regardais en l'air tout en marchant dans les rues désertes de mon village, comme je le faisais souvent au lieu de dormir. Ma maman m'avait toujours dit de regarder devant moi pour éviter de bousculer les gens, mais à cette heure, il n'y avait plus que moi dehors. Moi et le ciel.

La nuit, tout est différent. Tout respire enfin. J'ai l'impression de voir le monde à son insu, alors qu'il dort paisiblement, vulnérable, je guette son sommeil comme un voleur. J'observe. Et cette nuit-là, j'observais attentivement. Les centaines de nuances de bleu et de noir, coupées par les oranges agressifs des lampadaires, peignaient un monde nouveau sur mes paupières et me faisaient oublier la tristesse des couleurs vives de la journée. Quand les rues se remplissent, au matin, trop de saveurs et de choses se mélangent. C'est trop compliqué. Mais la nuit, c'est frais et pur, doux et facile.

Je slalomais entre les maisons, je sautais de trottoir en trottoir, les rues étaient un terrain de jeu. Je marchai pendant des heures. Poubelles, bancs, volets fermés, mes pas comme battements de coeur pour le village. Quand je fus en haut de la grande route qui descend vers la forêt, je m'arrêtai et pris une grande inspiration. Il y a une chose que je ne pouvais pas m'empêcher de faire, à chacune de mes promenades nocturnes :

dévaler la pente en courant comme un fou. Un plaisir enfantin auquel il m'était impossible de succomber sous le soleil et le regard hautain des passants. Mais là, personne ne me jugeait, les arbres m'encourageaient. « Go! Go! Go!» Alors, je pris mon élan et laissai aller tous mes membres. Je laissai échapper un cri bestial. Mes pieds se transformèrent en avalanche et mes poumons en ouragan. Je déchirais la route pavée et le silence. L'espace de dix secondes, je n'étais plus moi. J'étais devenu un chien, un enfant et un caillou tout en même temps. Il n'y a que l'être humain adulte qui reste en haut d'une pente aussi belle. Les autres créatures, toutes autres, même végétales, se laisseraient tomber avec amour. J'arrivai en bas sur les genoux, le sourire jusqu'au ciel.

Cette nuit-là, le ciel était bavard. Il me murmurait des secrets. « Un homme arrive. Il se dirige vers toi. » Comment ça vers moi ? Personne ne pouvait savoir où j'étais. Et si j'en jugeais par le doux sifflement des insectes endormis, nous étions au milieu de la nuit. L'air était calme. Je tendis l'oreille pour percevoir cet homme. J'entendis des pas étouffés. Il était encore très loin de trouver ma cachette. J'étais perchée sur la troisième branche d'un chêne, au milieu de milliers d'autres arbres et créatures invisibles. Je ne dormais pas. Je ne dormais jamais. Je discutais avec le ciel. Nous avions des débats très intéressants et j'aimais bien sa manière de penser. Je commençai à lui parler de politique quand tout à coup, un cri me saisit. Ça ne pouvait pas être un cerf, ni un loup. Je tendis l'oreille à nouveau et constatai des battements de coeur très rapides, des bruits d'orteils et de dents humaines. C'était l'homme. Il se rapprochait.

Je me relevai rapidement et ris. J'avais envie de recommencer. Je me résolus cependant à poursuivre ma route. Il ne faut pas abuser des choses délicieuses. Je poursuivis ma marche sur la route pavée qui continuait à présent en ligne droite entre deux parties de la forêt. Les lampadaires du village avaient disparu et la lune dorée prenait le relais. Je décidai de sortir du chemin pour m'enfoncer sous les arbres à ma gauche. Le sol y était tout de suite plus mou et humide. Les arbres ondulaient lentement et craquaient. N'importe qui aurait été effrayé de se trouver là, avançant parmi ces énormes bêtes sinistres. Mais moi, je n'avais pas peur. Les arbres me rassuraient, au contraire.

« Que fais-tu là, homme? »

Ils n'avaient pas l'habitude de voir passer un humain à cette heure, et firent en sorte que je puisse marcher tranquillement, en écartant les buissons piquants et en laissant filtrer la lumière du ciel. Je marchai un bon moment. Je me dressai sur la pointe des pieds sur la branche, m'agrippant au tronc, afin d'écouter au mieux. J'avais écouté l'homme entrer dans la forêt. Ses pas étaient feutrés, attentifs. Il semblait paisible. D'une marche lente, d'une marche d'homme perdu qui explore sans rien chercher. Cela me rassura. Il ne me cherchait pas et j'étais presque sûre qu'il ne savait pas qu'il se dirigeait droit sur moi. Cela n'empêchait pas qu'il se dirigeait bien dans ma direction et qu'il fallait que je prenne une décision. Me cacher? L'attendre? Il n'avait pas l'air dangereux. Je décidai de monter plus haut sur le chêne. Mes pieds nus s'appuyèrent sur le tronc rugueux et mes bras entourèrent l'arbre. Je grimpai quelques mètres et m'arrêtai sur la quatrième branche. J'étais en train de m'asseoir dessus quand un grand bruit déchira l'air. La branche craqua soudain sous mon poids. Mes mains et mes pieds perdirent l'arbre. J'avais mal prévu mon coup. Je tombai comme une pomme sur le sol mousseux et les feuilles mortes. Une douleur vive se répandit dans mon dos.

Les arbres semblaient s'agiter au fur et à mesure de ma progression, l'air de vouloir dire « Prends garde ! ». Je ne comprenais pas si c'était un mauvais signe ou un mouvement d'excitation. Mais je n'avais toujours pas peur, la forêt était magnifique. Je n'avais pas l'habitude d'aller aussi loin. La plupart du temps, lorsque je me promenais la nuit, je sortais du village et suivais la route pendant un kilomètre environ puis faisais demi tour et allais trouver un endroit où m'asseoir pour regarder le ciel. Parfois je faisais une petite sieste avant de rentrer chez moi. Mais cette nuit-là, j'avais une envie irrésistible de marcher entre les arbres et plantes sauvages. J'entendais des craquements et des bruits rapides d'animaux au-dessus de ma tête ou au loin, sans parvenir à les voir. Des épines de sapin parsemaient mon avancée, comme des pétales de fleurs à un mariage. La lumière de la lune se faisait de plus en plus intense. J'approchai une petite plaine.

J'aperçus un chêne majestueux, déployant des branches élégantes d'une couleur hypnotisante, se tordant dans une posture digne d'une sculpture antique. J'arrivai à la petite plaine et m'approchai de lui pour le regarder. C'était sûrement lui, le roi de la forêt. Je le touchai du bout des doigts, et vis par terre, une longue branche feuillue qui saignait des copeaux de bois et des morceaux d'écorce. On aurait dit qu'elle avait été arrachée récemment. Peut-être avec le vent, ou sous le poids d'un animal. Je regardai vivement aux alentours, cherchant des yeux le coupable peut-être encore présent. Aucun signe de vie. Je fis le tour de l'arbre et décidai de m'asseoir contre lui. Je pris une profonde inspiration et fermai les yeux. Je plongeai dans un demi-sommeil.

L'arbre se paralysa. J'écoutai l'homme s'asseoir au pied du chêne, une dizaine de mètres en dessous de là ou j'étais perchée.

La douleur s'était vite dissipée. Ce n'était pas la première fois que je tombais d'un arbre, mon corps avait pris l'habitude. J'étais restée étendue par terre, mes membres nus chatouillés par l'herbe et mon nez tendu vers le ciel. Je m'étais sentie comme un écureuil, une pomme et un caillou en même temps. Tomber par terre remet l'humain à son état le plus sauvage, à la merci de l'air et du sol. J'avais entendu l'homme marcher, de plus en plus près de moi. Il allait arriver d'ici quelques minutes. Je m'étais remise sur pieds en souriant à ma tentative échouée et avais essayé de grimper sur le chêne à nouveau. J'étais arrivée plus haut que précédemment et avais frôlé des doigts le moignon laissé par la branche arrachée. « Pardonne-moi, chêne ». Je m'étais accroupie sur la cinquième branche, plus souple mais plus robuste, quand j'entendis l'homme poser son pied curieux sur l'herbe de la plaine.

Il dormait à présent. Au moins, c'est ce qu'il avait l'air

de faire car sa respiration avait ralenti et il ne bougeait plus. Je ne savais pas quoi faire.

Au bout de quelques minutes, je me laissai descendre en faisant le moins de bruit possible, de l'autre côté du tronc pour ne pas le réveiller. Je prévoyais de partir rapidement. Rencontrer un homme ne me faisait pas très envie finalement. J'atterris en douceur, comme un oiseau léger ou un brouillard, et restai collée un moment à l'arbre, le front contre l'écorce dure, pour reprendre ma respiration. Le bruit lourd de mon coeur battant couvrait celui de l'homme. Je ne l'entendais plus.

Soudain, une main se posa sur mon épaule. J'ouvris les yeux. Je n'avais pas envie de dormir. Quelque chose allait se passer. Je le sentais. Je me relevai lentement et fis le tour du tronc quand je vis une jambe nue apparaître, sortant des feuilles. Puis une autre. Je me cachai derrière le chêne et observai la jeune fille descendre de sa cachette. Elle resta soudain immobile, blottie à l'arbre. Je m'avançai en pensant être dans son champ de vision mais elle ne réagit pas. Ses yeux ouverts restaient sur l'écorce. Après hésitation, je posai une main sur son épaule. Elle sursauta et je vis immédiatement à ses yeux brillants qui se perdaient au dessus de mon crâne qu'elle était aveugle.

Il sentait le bois brûlé et le thé vert. Sa main chaude me surprit mais il n'avait pas l'air de vouloir m'attaquer.

Elle se dégagea de moi et recula lentement en lâchant le chêne. Je n'insistai pas et n'essayai pas de la suivre. Je ne voulais pas l'effrayer. Elle s'arrêta lorsqu'un mètre ou deux nous séparèrent et resta sans bouger, tout son corps tourné vers moi, tout mon corps tourné vers elle, sans rien dire, sans rien faire. Je voyais toujours ses yeux. Ils étaient d'un noir lumineux, presque aquatiques, transparents. Ils semblaient aspirer les étoiles, la lune et tout l'univers. Soudain, une lueur orange, comme un éclair, traversa ses pupilles célestes. Elle partit en courant.

Je ne bougeai pas. Je la vis filer entre les arbres, vers l'est. Le bruit de ses pas légers se fit de plus en plus inaudible. Je m'assis dans l'herbe, à l'endroit-même où elle m'avait laissé. Avais-je rêvé ? La rencontre avait duré ce qui me sembla être dix secondes ou dix minutes. Était-ce pour cette raison que j'avais été attiré à cet endroit de la forêt, si loin du village ? Pour voir cette fille, apparue puis disparue, comme une étoile filante ? C'était comme si j'avais découvert un trésor.

Je demeurai assis pendant des heures, mes pensées vagabondant entre les branches du chêne, l'herbe, sur les cailloux, parmi les étoiles et les nuages translucides. L'aube me sortit de ma rêverie, le matin approchait. Le noir du ciel commençait à se diluer et tirer vers le bleu. Je me relevai et entrepris de retourner vers le village.

Lorsque je gravis la route en pente que j'avais dévalée quelques heures auparavant, je vis le soleil au dessus de l'horizon, à l'est. Il me brûla les yeux. Et une chaleur me prit la poitrine. Je n'appréhendais pas la venue du jour cette fois-là bizarrement, comme si j'avais fait la paix avec le soleil, avec le monde peint en orange. Comme si, au milieu de la nuit, j'avais fait connaissance avec le jour.

« OSER »

Par Veggieworm

Chaque jour, nous sommes nombreux à regarder un film, à lire un livre, à écouter un podcast ou à visionner une vidéo sur YouTube pour vivre un moment de bonheur en nous projetant dans une vie de rêve qui n'est pas la nôtre. C'est un moyen d'échapper à son quotidien, de voyager, mais sans vraiment bouger, sans vraiment oser. Jusqu'à hier, nous suivions avec intérêt la vie des autres pour un peu plus rêver la nôtre. Voici notre histoire.

Deux ans plus tôt.

On aime, on commente et on partage, sur les réseaux sociaux, la vie de nos « amis » qu'on admire. Nous avons plus d'écrans chez nous que de miroirs. On passe donc naturellement bien plus de temps à regarder les autres qu'à nous regarder nous-mêmes. Bien plus de temps à aimer ce que font les autres qu'à s'aimer soi-même. Et, quand on utilise notre smartphone pour immortaliser un moment de vie ou se prendre en photo, il nous propose d'y ajouter un filtre. Comme si nous étions si moches ou que notre vie était si banale que nous avions besoin de la transformer pour la rendre plus intéressante. Ce besoin de modifier ses souvenirs et d'embellir sa vie nous fait réfléchir. Pour qui ? Pourquoi ?

On aime regarder les aventures de nomades sur YouTube dans le confort de notre canapé, savourant un plateau de sushis commandé sur une application de notre smartphone. « Livraison en 30 minutes garantie ». Ça tombe bien, « on n'a pas le temps ». Après une longue journée de travail, c'est le moment idéal pour rêver de changement. Pourtant, on est heureux, et on se le dit souvent. On aime nos proches, notre travail, nos meubles, nos sorties, la proximité des grandes enseignes et bien plus encore. Chaque pièce du puzzle de notre vie est belle, pleine de couleur et d'une forme unique en son genre, mais on a du mal à les assembler. On ne connaît ni nos voisins, ni les commerçants, ni les produits dans nos assiettes, ni même les personnes à qui on dit pourtant « bonjour » sur le trajet pour aller travailler. Le matin, le midi, le soir et parfois la nuit, pendant nos insomnies, on vit virtuellement une vie plus simple. Une vie en harmonie avec la nature et alignée avec nos valeurs qu'on a tendance à oublier parfois, emportés par le rythme de notre vie de citoyens d'une grande ville.

Chaque aventurier qu'on suit a une vie bien différente. Certains font le tour du monde, d'autres vivent en van ou en 'tiny house', sans compter ceux qui changent complètement de travail ou de pays. Mais, ils ont tous au moins un point commun : à un moment de leur vie, ils ont osé.

Il faut du courage pour quitter son travail, rendre les clés de son logement, vendre ou donner ses biens matériels, s'éloigner de ses proches, remettre en cause son savoir-faire. Bref, pour abandonner le confort oublié d'une vie qu'on aimerait changer alors qu'on est conscient que bien du monde aimerait l'avoir. Pourtant, cette vie ne nous convient plus. On trouve toujours quelque chose qui ne va pas. On travaille trop. On mange mal. On a mal au dos. On aimerait faire du sport, mais on n'a jamais le temps. On passe plus de temps à penser à ce qu'on n'a pas qu'à profiter de ce que l'on a. Et, frustré de ne pas trouver ce précieux bonheur, on cherche une solution. Un jour, elle finit par arriver. Voici la nôtre : on va changer de job, de pays et de style de vie.

Peu après, c'est ce qu'on fait.

Et, comme par magie, pour prendre ce nouveau départ, on a trouvé le temps. Ce temps qui nous manquait pour faire le ménage, du sport, pour parler aux voisins ou à une personne dans le besoin. On cherche une nouvelle destination, un nouveau travail, on démissionne, on s'occupe des papiers, on prend les rendez-vous administratifs et médicaux, on vend ou on donne toutes nos affaires. C'est vrai qu'on aimerait bien tout garder. Chaque objet a son histoire. Mais, on doit faire des choix. Il nous faut ranger des années de vie commune dans deux valises par personne. On va bientôt laisser nos proches et une partie de nous derrière nous.

Pendant ce temps, on entend (trop) souvent : « Vous n'allez jamais partir », « Mais de quoi allez-vous vivre? », « C'est un projet complètement fou ». En effet, c'est un risque démesuré pour certains, un pas impossible à franchir pour d'autres, mais un changement important pour nous. Si l'on a osé ce projet, c'est sans doute, car on n'a pas toujours écouté ni les « on dit » ni notre petite voix intérieure qui, en ce qui nous concerne, avait peur de tout : peur de manquer, peur d'être rejeté, peur d'échouer ou peur de décevoir.

Aujourd'hui, on a donc changé de vie pour vivre en harmonie avec nos valeurs. « Vivre ensemble (1), avec moins (2) et prendre le temps (3) pour être heureux (4) ». Mais cela veut dire quoi ?

(1) « Vivre ensemble » c'est, pour nous, vivre avec l'ensemble des êtres vivants : la faune, la flore, les autres humains et soi-même. Certes, on veut passer plus de temps en famille, comme si on cherchait à compenser ces dernières années, mais on veut aussi passer plus de temps à découvrir ce qui nous entoure. Parler aux boulangers, aux agriculteurs, aux commerçants, aux artisans, aux garagistes, aux voisins et même aux plantes et aux animaux.

On connaît aujourd'hui le plaisir d'un coucher de soleil avant d'aller dormir, du chant des oiseaux au réveil après une nuit de camping ou simplement d'un moment sans télévision, sans téléphone, sans tablette et sans ordinateur pour nous distraire de l'instant présent. Pour nous, les autres, c'est aussi la nature. On a envie d'apprendre à reconnaître les conifères et les feuillus pour ne pas se dire qu'il s'agit simplement d'un arbre. Différencier un merle, d'un moineau et ne plus juste dire « un oiseau ». Prendre conscience que cet arbre améliore l'air que l'on respire et que cet oiseau joue un rôle important dans la biodiversité. « Vivre ensemble » c'est vivre en ayant conscience de notre planète et de l'impact de nos actions sur elle.

Avant, on mangeait trop souvent seul, dans un bureau, entouré d'écrans pleins de notifications et de post-its, à cause d'une réunion à préparer ou simplement, car on était, parfois, en décalage avec les préoccupations de nos collègues. Le soir, on ressentait le besoin d'en parler et d'écouter l'autre se libérer de sa journée en essayant de ne pas penser à ce qu'on a mal fait hier ou à ce qu'on doit faire demain. On a toujours de bonnes raisons de ne pas écouter, de penser que notre histoire est plus intéressante ou importante qu'une autre sans vraiment la connaître. Si ce n'est pas simple de parler de soi, c'est encore plus compliqué d'écouter attentivement la vie et l'avis des autres. Pourtant, c'est aussi ça « vivre ensemble ».

Enfin, « vive ensemble » c'est aussi vivre avec soi-même. Se remettre en question, s'écouter, s'entretenir, se faire plaisir et apprécier passer du temps tout seul, par choix et non par obligation quand il n'y a plus d'électricité et qu'on n'a plus de batterie.

(2) « Vivre avec moins » ne veut pas dire vivre avec rien. Ce n'est pas non plus vivre avec seulement moins de biens matériels, mais aussi avec moins de contraintes, moins d'impact sur l'environnement et moins d'argent. Florent Conti parle de « vivre léger ». Cela illustre bien pour nous le poids, parfois pesant, de nos pensées, de nos obligations, de nos craintes et pas seulement des objets que l'on possède. L'annonce de notre départ a malheureusement fait des envieux. Quand nous leur demandions pourquoi eux aussi ne changeaient pas de vie, on entendait souvent les mêmes réponses : « Je ne vais jamais retrouver un aussi bon salaire ailleurs », « Je suis propriétaire depuis peu de temps »,

« Je dois rembourser le crédit de ma voiture », ou encore « Tout ce que j'ai est ici ». On ne porte aucun jugement sur ces justifications. Nous avons simplement constaté qu'elles faisaient souvent référence à des contraintes ou des besoins matériels. C'est important de payer ses factures et de subvenir aux besoins de sa famille. Mais du coup, est-ce que « Vivre avec moins » voudrait dire « être plus libre de ses choix » ? Aujourd'hui nous nous rapprochons de cette liberté. On a changé de métier pour travailler moins et, même si on gagne moins d'argent, depuis notre changement de vie, on a aussi réduit nos dépenses. On mange moins souvent dehors ou de plat à emporter. On mange moins d'aliments transformés. Ça fait moins de déchets et une alimentation plus équilibrée. Loin des grandes villes, on loue un logement moins couteux. On achète des produits d'occasion ou on les fabrique avec ce qu'on a déjà ou ce que l'on trouve. Même avec moins, on ne se prive pas. Nos besoins ont simplement changé.

(3) « Prendre le temps ». Avant, nous avions juste le temps de faire les choses qu'on devait faire. Maintenant, nous prenons le temps de faire le reste.

On a appris à s'organiser différemment, à prioriser les tâches du quotidien qu'il faut faire par obligation et à ne pas toutes les considérer comme si elles l'étaient. On a aussi pris nos distances avec ce qu'on pourrait appeler les contraintes sociales. Bien que la situation actuelle nous oblige à rester chez nous, on avait déjà plus autant d'invitations par politesse à retourner ou d'évènements professionnels ou personnels dont « la présence n'est pas obligatoire » (mais fortement recommandée). Quand un évènement imprévu apparaissait dans notre vie déjà bien chargée, on trouvait le temps d'y faire face en organisant autrement nos journées ou en demandant de l'aide. Aujourd'hui, nous avons appris à demander de l'aide avant l'imprévu et à ajouter un temps dans notre planning journalier pour y faire face. S'il n'arrive pas, on aura plus de temps pour le reste.

Il faut ajouter que lorsqu'on s'éloigne des grandes villes,

on apprend à attendre. Ce qui aide à relativiser la notion de temps. Notre quotidien est plus lent. Si un produit n'est pas disponible localement par exemple et qu'on doit le commander, on attend parfois des semaines. On change donc notre vision sur l'urgence d'avoir le produit en question.

(4) « Être heureux », c'est sans doute la notion la plus importante de notre projet, mais la plus difficile à définir. Nous avons tous une vision différente de ce qu'est le bonheur. Pour nous, il est ici et maintenant.

Voilà, tout écrit a une fin, notre récit s'arrête donc ici. D'ailleurs, c'est peut-être une histoire vraie ou encore le fruit d'un rêve, reflet d'un projet de vie qu'on aimerait mener. Peu importe. Qu'il s'agisse d'un rêve ou d'une réalité, on a déjà, à notre manière, fait le premier pas vers une vie meilleure. On a osé.

LA VÉRITÉ EN CHEMIN

Par Pauline Fayet et Romain Gauthier

— Jusqu'où seriez-vous prêt à aller pour devenir riche ?

Ce fût la première question d'un entretien d'embauche pas comme les autres.

L'homme qui m'interroge se tient debout à quelques centimètres d'une large baie vitrée, le regard droit vers la tour qui lui fait face. L'entretien se déroule à merveille, le directeur financier de cette grande entreprise est en confiance et donne l'impression de beaucoup m'apprécier.

Nous sommes tout deux diplômés de l'ENA à quelques années d'intervalles et nous nous remémorons chaleureusement les professeurs que nous avons eus en commun. Plus les questions fusent, plus je sens mon cerveau divaguer. Mes yeux se perdent sur le grand bureau qui nous sépare. Il me paraît être plus grand que la table à manger trônant au milieu de mon salon. Combien de personnes peuvent partager un repas sur ce bureau ? Après plusieurs calculs savants, je tire la conclusion suivante : huit adultes et deux enfants.

Après plus de deux heures de questions plus dénuées de sens les unes que les autres, je ressors de cette gigantesque tour du quartier de la Défense en état de choc, comme si je sortais d'un combat de boxe où j'aurais encaissé plusieurs uppercuts sans même les voir arriver.

J'avais pourtant suivi le parcours brillant qui devait me mener à ce type de poste synonyme de réussite. Mon imaginaire est inondé des images de succès qui m'attendent, auxquelles je n'ai cessé de rêver depuis mes premiers pas en école de commerce jusqu'à ce matin-même. Mais quand mon potentiel futur directeur, à l'air satisfait et au tempérament stressé, me tend une liste de biens matériels à acquérir avant même ma prise de poste afin d'être joignable 24 heures sur 24 et 7 jours sur 7, je me sens comme tomber dans les profondeurs d'un piège qui se referme sur mon visage déformé par l'anxiété et le désespoir.

Je rentre dans mon duplex parisien aussi sonné qu'à la sortie du bureau lumineux et haut perché du directeur financier de cette société parmi les plus puissantes de la capitale.

Bizarrement, je ne me souviens plus exactement du déroulement de l'entretien. Je suis pourtant ultra préparé pour ce genre d'interrogatoire. Il me semble que nous avons vaguement évoqué le CAC40 et mon expérience de trader à la Société Générale. Une seule de ses questions tourne en boucle dans ma tête et il m'est impossible de me souvenir ce que j'y ai répondu : « Jusqu'où seriez-vous prêt à aller pour devenir riche ? »

Surprise de n'avoir reçu aucune note vocale ou message instantané à ma sorti de l'entretien, ma future femme me saute littéralement dessus une fois le pas de porte passé. Je vois à son visage qu'elle prend conscience que quelque chose ne tourne pas rond, mais elle ne peut s'empêcher de m'assaillir de questions.

— Alors ? Raconte-moi !

— Je suis pris ! Je commence dans un mois, normalement.

Enfin allongé dans mon lit, après plusieurs verres de Champagne et une soirée passée à raconter les vagues souvenirs qu'il me reste de l'entretien puis à imaginer notre vie future, je repense encore à cette question : « Jusqu'où seriez-vous prêt à aller pour devenir riche ? ».

Je me réveille en sursaut, le coeur serré et le drap trempé de sueur. Je n'ai pourtant pas fait de cauchemar. Les effets de l'alcool et la pression de l'entretien sont maintenant retombés mais je ne suis toujours pas dans mon état normal.

Soudain, cela m'apparaît comme une évidence, je comprends que le sens de ma vie m'échappe. Je n'arrive plus à saisir l'essence même des ambitions que je poursuis pourtant depuis des années.

A quoi bon vouloir une charmante demeure dans les plus beaux quartiers parisiens, un bateau qui m'attend dans le port de Nice et un salaire à cinq zéros si je n'ai même pas le temps d'en profiter ? Pourquoi accumuler une fortune considérable si je n'ai d'autre objectif dans la vie que de faire fructifier le capital de clients aux ambitions douteuses ?

Les jours suivants, j'essaie d'expliquer à ma future femme, ma famille et mes amis ce non-sens qui est venu me frapper en pleine nuit. Ils me renvoient tous à la gueule que ce poste représente tout ce que j'ai toujours voulu.

Mes collègues d'école tentent de me rassurer en m'expliquant qu'il peut arriver de paniquer avant une prise de poste impliquant autant de responsabilités à un âge peu avancé. Mais je sens bien qu'il ne s'agit pas de cela. J'ai l'impression de foncer dans un mur, avec l'ensemble de mon petit univers.

J'étouffe. Ma future femme a beau me répéter que notre mariage est dans quelques mois seulement et que nous avons pour celui-ci des quantités de factures à régler, je n'arrive plus à me convaincre qu'il s'agit de la vie que je souhaite vivre.

Une semaine plus tard, c'est avec une impression de déjà vu que je sors à nouveau de cette gigantesque tour parisienne. Cette fois-ci, je me souviens du moindre détail de l'entretien que j'ai organisé quelques heures auparavant. Tout est clair dans ma tête, je sens que j'ai pris la bonne décision. Je viens de refuser le poste dont j'ai toujours rêvé, celui pour lequel j'ai entrepris tant d'efforts au cours des dix dernières années. C'est sans regret mais encore une fois sonné que je traverse la place de la Défense afin de rejoindre le parking sous terrain où ma voiture est stationnée. C'est en insérant la clef dans la portière que je réalise qu'il va falloir que j'explique cette entrevue à la femme qui partage ma vie. Que je vais devoir assumer mes actes auprès de mes parents, de mes amis.

Qu'il me faudra encaisser le jugement et la pression

sociale d'une telle décision. Je suis bloqué devant ma voiture dans ce parking sombre et humide. Je préfère encore rester ici que d'affronter la vie réelle qui m'attend à la surface. Et si je venais de prendre la mauvaise décision ? Puis me revient en tête cette fameuse question qui m'obsède depuis une semaine maintenant : « Jusqu'où seriez-vous prêt à aller pour devenir riche ? ».

Je déverrouille ma voiture, je me laisse tomber lourdement sur le siège conducteur, j'allume le contact et je pars me perdre dans les rues de Paris. J'en suis maintenant certain, je ne rentrerai pas chez moi. Je n'ai ni itinéraire, ni idée de l'endroit où je vais atterrir. Je suis le flot des voitures qui m'emmène vers des périphéries où je n'ai jamais mis les pieds. Je ne saurais dire combien d'heures j'ai roulé avant de me retrouver aux alentours de Chartres où seule l'autoroute fend les champs de blé qui s'étendent à perte de vue.

Les kilomètres défilent et après avoir croisé deux ou trois radars qui vont conserver la photo portrait de mon visage fatigué, je décide de ralentir le pas. Ma vie ne se résumera plus désormais à une course effrénée mais à prendre le temps de savourer chaque instant. Je m'engouffre dans la première sortie d'autoroute que j'aperçois, pour ralentir le rythme au gré des routes de campagne que je croise.

Cela doit faire trois ou quatre heures que j'ai quitté Paris quand je pénètre dans le parc naturel régional Normandie-Maine. J'y aperçois un cours d'eau qui me semble parfait pour y faire mon premier arrêt. Je sors de ma voiture, m'assois sur la seule pierre dont les parois ne sont pas généreusement envahies de mousse et j'observe le cours d'eau qui glisse paisiblement devant mes yeux cernés. C'est seulement quand je peine à apercevoir la danse désordonnée mais ô combien captivante des poissons qui passent à quelques centimètres de mes chaussures parfaitement cirées que je me rends compte que la nuit s'apprête à tomber et avec elle un manteau d'humidité qui vient m'entourer.

Je suis parti de Paris, guidé par un besoin d'ailleurs qui était si fort que j'en ai oublié d'emporter le moindre habit. Sans bagage, sans téléphone portable, sans nourriture, sans eau, sans plan pour les heures et jours à venir, je retourne à ma voiture, étonné de ne pas ressentir la moindre once d'appréhension quant à ce que je vais bien pouvoir faire. Je me pose confortablement sur le siège arrière, les jambes allongées sur la banquette et le dos reposant contre l'agréable revêtement en cuir de la portière afin d'observer les teintes foncées venir peu à peu remplacer les couleurs chaudes de cette douce fin de journée printanière.

Bercé par les bruits du cours d'eau qui se mêlent aux chants des oiseaux qui peuplent les arbres alentours, je me sens bien. Pas de réunion de programmée, aucun dîner en ville à venir, nulle obligation ne vient ternir mon horizon. Seule l'idée de devoir manger me traverse l'esprit, mais cette obligation d'ordre physiologique devra être satisfaite plus tard. Le sentiment de plénitude que je ressens suffit à faire taire les quelconques râlements que mon estomac pourrait faire surgir.

Même si cette nuit passée en forêt aurait pu être légèrement plus chaude si j'avais pu compter sur la chaleur d'un duvet, je me réveille reposé et apaisé. Pourtant, le tableau de bord de ma voiture indique 6h22. Cet horaire me semble idéal pour prendre la route afin d'aller profiter d'un petit-déjeuner face à l'océan sur la côte bretonne.

En roulant en direction de Vannes je me remémore les séjours passés chez mon grand-père dans le Golfe du Morbihan. Les longues journées d'été à enfourcher ma bicyclette pour parcourir les chemins étroits et sablonneux qui entourent sa maison de vacances, les festins à base de galettes dont on ressortait le ventre plein et les heures à jouer dans les vagues avec les enfants du coin. C'est toujours avec un pincement au coeur que je repense au jour où mes parents ont vendu cette maison magique pour payer mon école de commerce et partir en vacances sur des côtes plus exotiques.

Me voilà arrivé dans mon paradis perdu. J'aperçois l'océan au bout de la rue et je sens son odeur iodée qui m'appelle. J'entre dans la première boulangerie que je croise pour m'offrir ma madeleine de Proust et faire durer autant que possible cette nostalgie qui me remplit de bonheur. Je ressors avec, entre les mains, un petit trésor emballé dans sa poche de papier : un Kouign Amann. Je me précipite sur la plage la plus proche et le dévore avec voracité comme lorsque j'étais enfant sur ce même sable fin et doré. Je m'allonge quelques heures avant de repartir vers ma nouvelle demeure sur roues pour dénicher un endroit calme où passer cette deuxième nuit dehors.

Les journées sur la route s'enchaînent et les nuits sur la banquette arrière aussi. Je repense à mes proches qui doivent se demander où j'ai bien pu passer. Les radars croisés sur mon chemin devraient leur donner quelques indices. Mais une fois les dernières amendes reçues, il leur sera difficile de me mettre la main dessus depuis que je fuis les autoroutes et villes de plusieurs milliers d'habitants, préférant le calme et la douceur d'une vie simple loin de l'agitation.

Que leur manquera-t-il de moi ? La fierté de dire qu'ils ont un fils qui a réussi ? L'excitation à montrer sa bague de fiançailles en diamant en dévoilant tout le programme d'un mariage qui rivalisera de luxe et d'exubérance ?

Tout cela importe peu, je veux maintenant être plus libre que jamais. Après dix jours à sillonner la France, voilà une aventure qui va accélérer ma quête. Sur une petite route entre deux villages aveyronnais je tombe nez à nez avec deux policiers. Un simple contrôle d'identité comme il en arrive souvent un dimanche en milieu de journée. Sauf que les papiers de ma BMW sont restés à Paris, que je suis sale et que je n'inspire nullement confiance. Après une longue discussion avec ces deux représentants des forces de l'ordre qui ne sont heureusement pas parmi les plus zélés des policiers, je parviens à m'en sortir sans trop de difficultés. J'ai maintenant cinq jours pour présenter les papiers de ma voiture à tout service de police ou de gendarmerie. Sauf que je n'ai aucunement l'intention de parcourir en sens inverse les centaines de kilomètres que je viens d'avaler, avec pour seul objectif celui de retrouver les lieux, les biens et les visages qui peuplaient mon ancienne vie afin de récupérer de vulgaires bouts de papiers.

Je profite encore trois jours du privilège d'avoir une voiture, je retire cinq mille euros sur mon compte en banque, je m'achète une tente, un sac à dos, quelques habits, des ustensiles de cuisine de camping, des chaussures de marche confortables, quelques vivres et je balance ma carte bleue dans les flots tumultueux du Tarn après une journée pluvieuse et mouvementée.

Les rideaux d'eau qui se déversent sur la région en cette journée du mois de mai sont peu propices à une première nuit en bivouac. Je décide de me lover une nuit de plus dans le confort douillet de mes sièges en cuir.

Le lendemain matin, c'est un soleil timide mais annonciateur de belles aventures à venir qui me réveille. Je me sens parfaitement prêt à entamer une nouvelle étape de ma vie nomade avec les plus élémentaires des biens matériels.

C'est ainsi que je laisse ma voiture aux abords d'un chemin qui s'engouffre dans une forêt de résineux, non loin d'un village appelé La Canourgue. Mon nouvel équipement sur le dos, j'entame les premiers kilomètres d'une randonnée à durée indéterminée.

La première journée de marche et la nuit qui s'ensuit se déroulent comme je n'aurais jamais osé l'imaginer. Je m'ébahis devant la beauté des multiples vallons qui dessinent le paysage lozérien qui se dévoile à mes yeux amoureux. Pour la pause déjeuner je rêvasse au milieu d'une prairie avant d'être rejoint par un berger qui s'étonne de ma présence dans cet endroit si reculé.

— Qu'est-ce qui vous amène par là mon p'tit gars ?

— Je me promène dans le coin.

— Ah, vous allez en direction de Saint Jacques de Compostelle ?

— Non, non. Pourquoi, il passe par ici le chemin de Compostelle ?

— Oui il passe pas loin, à quelques centaines de mètres là-bas.

Il pointe avec son bâton de berger un chemin que je parviens difficilement à deviner entre les innombrables hêtres du bois auquel nous faisons face. Il me dit qu'il s'apprêtait à casser la croûte quand il m'a vu et me demande si je ne serais pas contre un peu de compagnie. Je me rends compte que la solitude doit parfois le peser pendant ses longues journées de pâturage et j'accepte sa proposition.

Il parle beaucoup et je m'exprime peu. Je ne vais tout de même pas lui raconter que je viens de quitter sur un coup de tête une vie parisienne très enviable, sans rien dire à personne et sans aucun bagage. Aussi généreux et amical que soit cet homme d'une soixantaine d'années dont le mode de vie rude s'est imprimé sur son visage profondément ridé, il me prendrait certainement pour un fou.

Au moment où il doit repartir, il s'étonne que je lui demande si je peux faire un bout de chemin avec lui. C'est finalement trois jours et trois nuits que je passe à ses côtés, dans sa ferme. Il ne me pose aucune question et je l'aide à accomplir des tâches dont je n'avais pas la moindre idée qu'elles aient été nécessaires avant que le fromage arrive directement dans mon assiette dans un bar à vin parisien ou chez le fromager du coin.

Les journées sur les chemins sont douces, je prends le temps de profiter de chaque instant et d'admirer cette nature sur laquelle je ne posais que trop peu les yeux auparavant. Chaque soir j'essaie de trouver un endroit adapté pour y installer mon camp. Les nuits sur une fourmilière, à côté d'un cours d'eau humide ou sur le chemin d'un troupeau de vaches un peu trop matinales à mon goût, m'apprennent à éviter les erreurs du randonneur débutant que je suis.

Après plusieurs jours de bivouac et bien que mon ami le berger ne m'ait pas laissé partir sans fourrer dans mon sac quelques délicieux fromages de chèvre et de généreux morceaux de saucisse sèches, mes vivres commencent à se réduire comme peau de chagrin. Il est temps de retrouver la civilisation et de dénicher un village pour y faire quelques emplettes.

Même si la faim me creuse le ventre, je ne me laisse pas tenter par les baies sauvages qui me font de l'oeil. Je me note également dans un coin de la tête, d'essayer de mettre la main sur un livre sur les plantes sauvages comestibles qui me sera bien plus utile que les bouquins sur les mécanismes de la finance moderne ou les dernières techniques de management qui garnissaient ma bibliothèque parisienne.

Lorsque j'arrive enfin dans une bourgade où les seuls sons que j'entends proviennent du bruit de mes pas, je me dis que je ne trouverai jamais une épicerie à des kilomètres à la ronde. Par bonheur, je tombe au détour d'une ruelle sur une jeune fille qui s'amuse sur le pas de sa porte avec quelques jouets. Son « bonjour » chaleureux me laisse supposer qu'elle aussi est contente de croiser quelqu'un. Elle m'informe qu'une supérette se trouve dans le village d'après. Elle me donne quelques indications floues sur la manière d'y parvenir et reprend ses jouets en main pour me signifier qu'il est temps de prendre congés.

L'épicerie de village n'est pas grande mais sa propriétaire fort accueillante. Elle aussi se demande ce qu'un jeune homme comme moi fait dans le coin avec un sac aussi imposant sur le dos. Pour rester discret, je lui annonce que je randonne sur le chemin de Compostelle. En posant mes yeux sur cette femme derrière la caisse au moment de payer mes emplettes, je me rends compte à quel point elle ressemble à la femme que j'ai laissée derrière moi, dans mon duplex parisien. Elle me manque mais je ne retournerai en arrière pour rien au monde.

Les journées filent à une allure folle et je retrouve un sentiment qui m'avait quitté depuis plusieurs années : je suis fier de moi. Chaque action que je réalise ici, seul dans la nature, me remplit de fierté. Mes journées se ressemblent toutes mais ne sont pas monotones. Le matin je marche pendant trois heures environ, puis vient le moment de la pause déjeuner et de la sieste dans les champs. Je repars ensuite pour une marche d'une ou deux heures. L'action la plus importante de mes journées est toujours de trouver un endroit où passer la nuit, souvent à côté d'un bois afin d'y ramasser les branches mortes qui me permettront d'allumer un feu.

Je cuisine généralement quelques légumes sauvages ou récoltés dans les champs lors de mes randonnées matinales. Puis vient l'heure de dormir. Je ne me suis pas encore totalement habitué au bruit des rongeurs et des insectes qui dominent la nuit et frôlent régulièrement ma tente. Au lever du jour, ce sont les chants bien plus agréables des mésanges et des hirondelles qui me servent de réveil naturel.

C'est au cours d'une matinée fraîche et humide que j'aperçois au loin une structure étrange dans un arbre à la lisière d'une forêt. Je suis encore à quelques dizaines de mètres quand mon cerveau discerne véritablement une forme de cabane. Sans même m'en rendre compte, mes jambes se mettent à courir en sa direction. Je ne me demande pas même une seconde si le bois de l'échelle n'est pas pourri, ou si je ne risque pas de chuter en arrivant sur le palier de cette construction qui semble dater, mon cerveau a tout simplement cessé de réagir avec discernement.

Après un rapide tour du propriétaire, il me paraît évident qu'il s'agissait d'un mirador utilisé par des chasseurs. Celui-ci semble être abandonné depuis des années. J'y retrouve d'ailleurs un journal Midi Libre datant de 1998.

Avec sa structure sur pilotis, ses fenêtres étroites mais très longues et son échelle pour se hisser jusqu'à son sommet, je suis séduit instantanément par sa silhouette et l'atmosphère qu'elle dégage. Je ne crois pas avoir été aussi heureux depuis longtemps. Essoufflé par la course que je viens d'effectuer, je m'assois sur la vieille chaise en bois posée près de la fenêtre.

Je regarde autour de moi et je repense à ce dernier mois que je viens de vivre : l'entretien à la Défense, mon voyage sur les routes et chemins, mes rencontres, ma solitude. Je me rends compte à quel point j'ai changé en si peu de temps. Je ne suis plus le même homme. Est-ce que tout cela était déjà en moi ? Tout au fond, caché en dessous du désir de plaire et d'être accepté par les autres, peut-être existait-il déjà ce petit aventurier solitaire sillonnant les chemins de la vérité.

Assis dans ma cabane perchée sur une colline lozérienne, le regard droit vers les arbres qui me font face, je sais enfin quoi répondre à l'homme trônant dans sa tour de verre, qui me demandait sans honte : « Jusqu'où seriez-vous prêt à aller pour devenir riche ? »

PEUR BLEUE

Par Pauline Thuries

Août 2020, sur une plage du centre du Portugal, un message placardé à l'entrée de la zone dédiée à la baignade où se croisent des Portugais habitant dans le coin et des touristes venus de loin : le masque est une protection, non une décoration.

A peine arrivée sur la plage, je découvre un masque au tissu éraflé et aux élastiques fatigués, venu tâcher de son revêtement bleu la vaste étendue de sable blanc aux reflets brillants. Une bourrasque de vent fait virevolter des milliers de grains de sable, et avec eux, ce masque dit chirurgical qui se retrouve pourtant bien loin des blocs opératoires auxquels il se destinait.

Après avoir effleuré le visage humide de l'un des êtres humains qui peuplent ce monde, ce masque, comme des millions d'autres, se retrouve dans l'une des étendues d'eau qui façonnent notre Planète Bleue. Comme portés par une force extraterrestre, tous ces bouts de tissus destinés à la protection des humains, se rassemblent et s'agrègent pour ne former plus qu'un. C'est alors qu'une créature immonde, assoiffée de chair fraîche, vient de voir le jour dans les tréfonds de l'océan.

Après avoir décuplé ses forces au gré des marées, elle accoste sur la terre ferme, sur une petite plage entre Lacanau et Arcachon. Ses premiers mouvements à l'extérieur de l'océan, sont lents et incertains. Mais rapidement, cette gigantesque créature marine dont les gouttes d'eau salée ne cessent de s'échapper, apprend à se déplacer en rampant et commence à dévorer chaque être humain qu'elle croise sur son chemin. C'est au moment où elle se jette à vive allure sur une foule de badauds attroupés aux abords d'un marché bordelais, qu'un frisson vient me secouer l'échine.

Je me réveille en sueur !

Ce n'était qu'un rêve, ou serait-il plus juste de dire un cauchemar ? J'ouvre les yeux sous le soleil écrasant qui inonde la côte portugaise en plein coeur de l'été. Mon regard balaie la plage pour se poser sur l'océan où j'aperçois un masque à la lisière de l'eau qui s'anime en suivant le rythme des vagues, comme pour se moquer de moi, ou plutôt pour me mettre en garde...

LE PASSAGE DE LA CROIX-NOIRE

Par Tony Roger-Cerez

Je n'ai jamais été très emballé par la perspective de voyager. Depuis tout gamin, j'ai toujours cultivé une sainte horreur pour l'inconnu et son florilège d'imprévus. Chaque été, j'allais jusqu'à supplier mes parents pour ne pas partir en vacances. Quant au simple terme de « voyage scolaire », il me plongeait irrémédiablement dans une sorte d'angoisse cosmique me poursuivant la nuit jusque dans mes cauchemars.

Sans surprise, je n'ai donc jamais quitté ma ville natale où j'ai suivi un cursus d'études on ne peut plus classique, décroché un emploi de bureau tout à fait banal, et acheté un appartement absolument indifférenciable de celui de mes voisins. Des années durant, j'ai alors invariablement suivi la même routine quotidienne, vivant tel un métronome bien cadencé entre mon immeuble d'habitation et celui de l'entreprise pour laquelle je travaillais.

Je pourrais d'ailleurs y être encore aujourd'hui et n'avoir rien de plus intéressant à vous raconter, si toutefois l'inconnu que je repoussais ardemment depuis ma naissance n'avait pas un jour décidé de s'imposer à moi, transformant ainsi pour toujours ma vision de l'existence...

J'habitais l'avenue Edgar Poe, et j'avais pour habitude bien ancrée de passer chaque matin par la rue Baudelaire pour m'acheter un croissant, après quoi je rejoignais le boulevard

Jules Verne où se trouvait mon bureau. Je faisais ce trajet depuis des années et je croyais connaître ce quartier comme ma poche, mais j'ose admettre aujourd'hui que j'avais tort.

Ce jour précis où tout a changé, je m'étais rendu au travail en reproduisant ce même rituel, et ma journée s'était déroulée avec la même monotonie rassurante que les jours précédents. Seulement, lorsque je rentrai chez moi aux premières lueurs du crépuscule, quelque peu fatigué et préoccupé par un dossier important qu'il me faudrait terminer le lendemain, je commis l'erreur de dévier de ma route habituelle.

La tête dans la lune, j'oubliai de tourner à l'angle de la rue Baudelaire, et continuai plutôt à remonter le boulevard Jules Verne sur sa longueur. Lorsque je finis par me rendre compte de mon erreur de parcours, observant mon environnement pour essayer de comprendre où je me trouvais, je décelai sur ma gauche une étroite ruelle qu'il ne me semblait pas connaître, à mon grand étonnement.

— Mais si, je la connais, tentai-je de me persuader, c'est la rue Bradbury !

Pour m'en convaincre, je décidai de l'emprunter pour rentrer chez moi, me figurant qu'elle devait forcément déboucher sur l'avenue Edgar Poe, où se trouvait mon immeuble. Mais à peine eussé-je fait quelques pas dans cette sinueuse petite allée, je fus contraint d'admettre que je n'y avais jamais mis les pieds auparavant.

Fort singulière par son architecture, la ruelle à peine éclairée par quelques antiques lampadaires n'avait pas son sol recouvert de bitume, mais plutôt par de lourds pavés de pierre lisse. Les maisons à colombages lui conféraient une atmosphère médiévale qui contrastait nettement avec les façades plus modernes de tout le reste du quartier. Autre détail troublant, j'étais le seul passant à arpenter cette voie, et pas le moindre bruit de moteur ne venait perturber le silence sépulcral qui y régnait.

Parvenu au bout de mon périple impromptu, une goutte de sueur sur la tempe et le cœur battant, j'eus le soulagement d'apercevoir les lumières de l'avenue Edgar Poe, ma rassurante destination. Cela étant, je me hasardai à un dernier coup d'œil dans l'oppressante ruelle que je quittais afin de dénicher une plaque m'indiquant le nom qu'elle portait. Je la trouvai finalement, usée et poussiéreuse, qui annonçait « Passage de la Croix-Noire ».

Le lendemain matin, encore un peu perturbé, je décidai de ne pas prendre la rue Baudelaire pour me rendre au travail, mais plutôt de longer mon avenue afin de retrouver cette fameuse ruelle qui m'était jusqu'ici restée étrangement inconnue. J'avais dans l'idée de l'emprunter à nouveau afin de me la rendre aussi familière que tout le reste de mon quartier, et de m'éviter ainsi le stress futur de devoir retomber dessus sans m'y attendre.

Hélas, j'eus beau parcourir l'avenue Edgar Poe de long en large, je ne parvins pas à remettre la main sur le Passage de la Croix-Noire... Je me sermonnai intérieurement de ne pas avoir relevé la veille au soir les numéros de l'avenue entre lesquels j'avais abouti en sortant de la ruelle, et me rendis finalement au bureau par ma route habituelle. Là, je demandai à tout hasard à mes collègues s'ils avaient déjà arpenté cette curieuse rue pavée au style médiéval, mais aucun d'entre eux ne parut comprendre à quoi je faisais référence, et le nom du Passage de la Croix-Noire ne leur évoqua aucun souvenir.

Le soir venu, submergé malgré moi par une forme d'excitation toute nouvelle, je quittai mon bureau en hâte et remontai le boulevard Jules Verne à pas précipités. J'ignorai le croisement de la rue Baudelaire et continuai tout droit, ne quittant pas des yeux les bâtiments sur ma gauche, à la recherche de l'entrée étriquée de mon timide Passage. Et à force d'observation, je finis par tomber sur... rien. Absolument aucune ruelle. Au bout de plusieurs minutes, j'aboutis sur un large rond-point à trois voies, que je connaissais déjà dans les moindres détails.

— C'est impossible... murmurai-je, passablement secoué.

Selon toute logique, j'aurais déjà dû retomber sur

l'entrée du Passage, mais je n'avais pourtant pas rencontré la moindre allée entre le croisement de la rue Baudelaire et le rond-point. Je vous assure être repassé en sens inverse pour revérifier, et être immanquablement tombé sur la rue Baudelaire sans avoir pourtant croisé ce maudit Passage de la Croix-Noire.

Bien décidé à élucider le mystère de sa disparition, je filai jusqu'à mon appartement où je m'empressai d'allumer l'ordinateur pour effectuer une recherche sur internet. J'entrai le nom de ma ville et de la ruelle qui me filait entre les doigts et parcourus d'un œil avide les résultats. Hors, aucun ne faisait mention du Passage, comme s'il n'avait existé que dans ma tête.

Assez perturbé, j'eus l'idée d'afficher une vue aérienne de mon quartier, afin de mettre la main sur cette fichue ruelle fantôme. Mais à mon grand étonnement, je ne trouvai, hormis la rue Baudelaire, aucune voie effectuant la liaison entre l'avenue où j'habitais et le boulevard Jules Verne. J'inspectais pourtant une vue satellite récente, datant du mois dernier, et il n'y avait pas lieu de croire qu'elle pouvait être erronée.

Pour préserver ma santé mentale, j'élaborai une hypothèse selon laquelle la veille au soir, lorsque j'avais découvert l'entrée du Passage de la Croix-Noire, j'avais été tellement distrait que je ne m'étais pas rendu compte avoir quitté le boulevard Jules Verne. Selon toute vraisemblance, la ruelle que j'avais arpentée devait se trouver quelques embranchements plus loin, d'où le fait que je n'aie pas su la retrouver aujourd'hui.

Une telle explication, bien que bancale, me permit de passer la nuit sans avoir à me réveiller plus d'une petite douzaine de fois. Le lendemain matin, frais comme un gardon, j'alpaguai à tout hasard le facteur qui était en train de délivrer le courrier dans le hall de ma résidence.

— Dites-moi monsieur... Si je vous parle du Passage de la Croix-Noire, ça vous dit quelque chose ?

— La Croix-Noire ? répéta le postier en fronçant les sourcils. Qu'est-ce que c'est que ce truc ?

— Une ruelle pavée, assez étroite, tentai-je de lui décrire, elle se trouve dans le quartier mais je ne sais plus exactement où.

Le facteur afficha alors un large sourire, qui me sembla légèrement goguenard, et secoua vivement la tête en me dévisageant.

— Ah non monsieur, déclama-t-il sur un ton péremptoire, ça m'étonnerait grandement ! Le mois prochain, ça fera vingt-deux ans que je livre le courrier dans ce quartier, et je n'ai jamais mis les pieds dans une ruelle de ce nom, ni qui corresponde à la description que vous m'en faites. !

— Vous êtes sûr de ça ?

— Aussi certain que deux et deux font quatre, cher monsieur !

Je me grattai alors nerveusement le crâne, plongé dans une insondable circonspection.

— Mais j'y suis passé avant-hier, marmonnai-je, je ne l'ai pas rêvé...

Diplomate, le postier chercha à me fournir une explication rationnelle :

— Y a pas trente-six solutions, monsieur ! Soit vous avez malencontreusement emprunté une voie privée, auquel cas il est normal que je ne la connaisse pas...

— Impossible, le coupai-je immédiatement, il y avait plein de portes avec des numéros et je suis certain d'avoir aperçu plusieurs boîtes aux lettres !

— ... soit, votre Passage de la Croix-Noire a changé de nom il y a plus de vingt-deux ans, et la plaque que vous avez lue dans la ruelle n'est plus d'actualité.

Je hochai lentement la tête avant de me raviser.

— Mais même si elle ne s'appelait plus comme ça, ma description devrait vous rappeler quelque chose ! Une ruelle pavée, je vous dis, avec des maisons à colombages...

— Je ne connais pas, persista le facteur, mais je viens de penser à une troisième hypothèse.

— Je vous écoute !

Nouveau sourire de mon interlocuteur, franchement moqueur cette fois-ci.

— Vous avez trop picolé avant-hier soir !

Sur ces mots, il éclata de rire avant de reprendre son remplissage des boîtes aux lettres. Aussi vexé que confus, je laissai là cet inconditionnel imbécile et me dépêchai de me rendre au travail. Je fus un bien piètre salarié, ce jour-là au bureau, si peu attentif aux taches que je remplissais sans y penser et la tête dans les nuages durant les réunions. Je ne l'ai pas rêvé ce Passage, n'arrêtais-je pas de me répéter constamment, il était aussi réel que je le suis !

En débauchant à la fin de la journée, il me vint l'idée de faire un détour par l'Office de tourisme sur le boulevard, juste avant sa fermeture. Moi qui ne voyageais jamais, c'était bien la première fois que je rentrais dans un tel bâtiment, le comble restant toutefois qu'il s'agissait de l'Office de tourisme de ma propre ville de naissance, que je n'avais jusque ici jamais quittée.

— Bonsoir monsieur, puis-je vous renseigner ? me lança la jeune femme de l'accueil.

— Je l'espère, lui répondis-je, connaîtriez-vous le Passage de la Croix-Noire ?

Bien évidemment, un tel nom ne lui évoquait aucun souvenir, mais elle eut l'aimable attention de sortir un plan de la ville afin que nous puissions l'étudier ensemble, en quête de ma ruelle fugitive. Après un examen attentif de sa carte touristique pourtant fort détaillée, il nous fallut admettre que le Passage n'y était pas mentionné.

— Serait-il possible que la ruelle ait changé de nom? me hasardai-je.

— Et bien... Oui, j'imagine ?

— Et comment pourrais-je donc connaître son nouveau nom ?

La jeune femme se massa les tempes, plongée dans sa réflexion.

— Vous pourriez fouiller du côté des Archives départementales, proposa-t-elle, c'est sur l'avenue Edgar Poe, vous connaissez ?

— Evidemment, répondis-je avec une pointe d'arrogance, c'est là que j'habite !

Je remerciai l'employée de l'Office, pas fâché de tenir enfin une solide piste de recherche, et ressortis dans la froideur crépusculaire du boulevard Jules Verne. En marchant, je restais concentré sur le plan de la ville que m'avait gracieusement offert la jeune femme, tentant à nouveau d'y trouver ce que je cherchais, quand je finis par relever les yeux pour vérifier où j'allais.

Non sans surprise, je me rendis compte que j'avais une nouvelle fois dépassé le croisement de la rue Baudelaire sans m'en apercevoir, et que juste sur ma gauche s'ouvrait une étroite alcôve entre les bâtiments... Une alcôve débouchant sur une ruelle pavée portant le nom du Passage de la Croix-Noire.

Bousculé entre l'incrédulité et l'ébahissement, je m'engouffrai alors dans la ruelle avec la plus vive des précipitations, de peur qu'il ne lui prenne l'envie soudaine de disparaître devant mes yeux effarés. J'étais bel et bien de retour dans le mystérieux Passage, le pittoresque de ses façades médiévales accrochant subrepticement mon regard, et le talon de mes chaussures claquant sur ses pavés désertés.

L'atmosphère générale qui se dégageait de l'endroit me parut d'autant plus fantastique que j'avais inlassablement tenté de le retrouver sans succès ces deux derniers jours, et que je le considérais désormais sous un œil autrement plus attentif et inquisiteur. Chose étonnante, je tombai bientôt nez à nez avec la devanture d'une boutique à laquelle je n'avais pas fait attention lors de ma première visite de la ruelle.

L'échoppe possédait une façade vitrée, chichement éclairée par de maigres bougies, et au travers de laquelle on pouvait déceler tout un amoncellement de vieux bouquins entassés les uns sur les autres. Il s'agissait selon toute vraisemblance d'une sorte de librairie, dont l'enseigne peinte à la main au-dessus de la porte indiquait :

« Au Trou du Ver ».

Plus qu'intrigué, je me hasardai à en pousser le battant, qui s'ouvrit en un concerto de grincements.

Le tintement d'une petite clochette accompagna mon entrée dans la librairie. Comme personne ne venait immédiatement à ma rencontre, j'en parcourus les rayons avec une curiosité si fiévreuse que je m'en étonnais moi-même, car j'étais d'ordinaire si prompt à éviter soigneusement la moindre parcelle de nouveauté. Je trouvai là uniquement de vieux bouquins classiques, de l'Odyssée d'Homère jusqu'aux Misérables de Victor Hugo, tous finement reliés et décorés de splendides couvertures rigides à l'état neuf.

— Je peux vous aider ? me fit sursauter une voix dans mon dos.

Je me retournai vivement pour me retrouver face à un vieil homme de courte taille qui portait une paire de petites lunettes rondes derrière lesquelles il me fixait de ses yeux bleu clair chargés d'intelligence.

— Euh oui, finis-je par répliquer, j'aimerais connaître l'adresse exacte de votre boutique...

— Librairie Au Trou du Ver, numéro 42, Passage de la Croix-Noire, récita le vieil homme.

— C'est donc bien le nom de cette ruelle ? demandai-je encore. Son nom actuel ?

— Parfaitement, mon jeune ami. Cette librairie appartenait à mon défunt père, et voici près de quarante ans que j'en suis moi-même le propriétaire.

De nouveau parvenu dans une impasse de ma réflexion, je lui tendis mon plan de la ville afin qu'il puisse m'éclairer davantage.

— Regardez, lui dis-je, votre Passage n'apparaît pas entre l'avenue Edgar Poe, où j'habite, et le boulevard Jules Verne ! C'est étrange, non ?

Le vieux libraire ajusta ses lunettes et jaugea d'un air dédaigneux la carte qu'il avait entre les mains.

— Boulevard Jules Verne ? s'étonna-t-il. Je ne vois pas où ça se trouve... Vous devez vous tromper de ville, jeune homme, parce que je ne reconnais aucun nom de rue sur votre plan.

Passablement irrité, je récupérai ma carte en lâchant un petit rire nerveux.

— Mais si voyons, insistai-je, le boulevard Jules Verne

est juste au bout de la ruelle, j'en viens ! C'est là qu'il y a l'Office de tourisme, ça vous dit forcément quelque chose !

Mon interlocuteur croisa ses bras osseux devant son buste maigrelet et secoua faiblement la tête.

— Absolument pas, je regrette... En revanche, je serais ravi de pouvoir vous aider si d'aventure vous étiez à la recherche d'un livre ! Je suis censé fermer à cette heure, mais je n'ai pas beaucoup de clients ces derniers temps, alors si jamais vous vouliez vous procurer un ouvrage... Je suis à votre disposition !

Pris au dépourvu, et ne voulant pas manquer de courtoisie envers ce vieux monsieur qui ne semblait plus avoir toute sa tête, je tentai de penser à un livre quelconque que je n'aurais pas encore lu. Instantanément, le nom de Jules Verne me vint aisément en tête, mais il m'apparut difficile de me rappeler un seul de ses titres que je n'aurais pas déjà relu mille fois lorsque j'étais enfant. *Voyage au centre de la Terre* ? *Vingt-mille lieux sous les mers* ? *Le tour du monde en quatre-vingt jours* ? Soyons sérieux deux minutes, je connaissais tous ces classiques sur le bout des doigts...

— *Le Sphinx des Glaces* ! finis-je pourtant par m'exclamer, ne me souvenant pas de l'avoir déjà lu une seule fois.

Le libraire haussa un sourcil.

— De quel auteur, s'il vous plaît ?

— De Jules Vernes, pardi ! rétorquai-je en essayant de dissimuler mon indignation.

Le vieil homme se para d'une moue peu engageante avant de tourner les talons.

— Je n'ai pas ça en rayon, je vais vérifier dans la réserve.

Il m'abandonna pendant quelques minutes durant lesquelles j'entrepris de compter tout l'argent liquide dont je disposais, étant à peu près certain qu'un tel personnage ne possédait pas de lecteur de carte de crédit. Il finit par revenir devant moi les mains vides et le visage penaud.

— Je suis désolé jeune homme, mais je n'ai pas ce livre

de Jules Verne... Cela dit, je serais ravi de le commander pour vous ! Il suffit que vous me donniez votre adresse et je vous l'expédierai aussitôt que je l'aurai reçu. Vous viendrez le payer quand vous aurez le temps, je vous fais confiance. Je n'ai pas beaucoup de clients ces temps-ci, alors...

L'insistance maladroite du vieux libraire me fit un peu de peine, aussi approuvai-je son idée et lui fournis l'adresse de mon appartement sur l'avenue Edgar Poe.

— Vous recevrez votre livre aussi rapidement que possible ! Au nom de la librairie Au Trou du Ver, je vous remercie bien sincèrement de votre achat, jeune homme !

Je pris aussitôt congé du petit homme et me hâtai de parcourir le reste du Passage de la Croix-Noire, tout éreinté et déboussolé que je l'étais, avant de déboucher sur mon avenue Edgar Poe, aussi fréquentée qu'à son habitude. Cette fois, j'eus la présence d'esprit de relever les numéros des portes qui encadraient la sortie de la ruelle, et pris la précaution de les répéter en boucle jusqu'à mon immeuble :

— Entre le 12 et le 14 de l'avenue Edgar Poe... Entre le 12 et le 14... Douze et quatorze...

Le matin suivant, nous étions samedi, et je me levai aux aurores pour filer aux Archives départementales à l'horaire exact de leur ouverture. Comme elles se situaient sur mon avenue, et que l'entrée du Passage de la Croix-Noire se trouvait sur le chemin, c'est tout naturellement que je tournai la tête au moment de passer entre le numéro 12 et le numéro 14... Pour n'y trouver alors qu'un mur de béton sans la moindre petite lucarne.

— NON ! m'écriai-je malgré moi. C'était là, j'en suis SÛR !

Mais j'avais beau parcourir le mur de mes mains fébriles, il n'y avait pas la moindre ouverture entre les portes du 12 et du 14 de l'avenue Edgar Poe. En une nuit, le Passage de la Croix-Noire semblait s'être tout bonnement volatilisé.

Face à cette absurde réalité, je refusai pourtant de me laisser abattre, et fonçai à vive allure jusqu'au bâtiment des Archives. Sur place, je décortiquai les registres papier et informatique l'un après l'autre, cherchant la moindre petite mention d'un hypothétique « Passage de la Croix-Noire ». J'y passais la matinée sans aucun succès, avant de finalement tomber, juste avant la fermeture, sur l'article d'un journal régional au papier jauni.

La gazette datait de 1896 et parlait d'un gros tremblement de terre ayant eu lieu dans cette région pourtant absolument pas située en zone sismique. L'article en question titrait : « Le tremblement de terre du siècle fait s'effondrer tout une rue de la préfecture », et faisait état de bâtiments s'étant écroulés sur un certain Passage de la Croix-Noire, provoquant un nombre de victimes encore inconnu.

— Monsieur, nous allons fermer, me fit sursauter l'archiviste.

Je devais avoir le visage excessivement pâle, car l'homme se pencha au-dessus de moi avec une mine inquiète.

— Vous allez bien, monsieur ?

— Vous n'avez rien d'autre sur le Passage de la Croix-Noire ? parvins-je à bredouiller en lui tendant le journal défraîchi.

Le regard de l'archiviste changea du tout au tout. Il sembla gagné par la surprise et regarda à droite et à gauche comme pour vérifier que personne ne nous écoutait, avant de chuchoter près de mon oreille :

— Ce journal n'est pas censé se trouver dans la section consultable au public... Ce drame est peut-être survenu il y a plus de cent ans, mais il demeure un sombre passage de l'histoire locale. Plusieurs générations ont préféré passer sous silence ce regrettable incident, afin de ne pas laisser planer une légende macabre sur notre belle ville...

Dans mon excitation nerveuse, j'attrapai l'homme au col et le fixai de mes yeux exorbités.

— Quelle légende macabre !? Qu'est-il advenu du Passage de la Croix-Noire !?

Tentant maladroitement de se défaire de mon étreinte, l'archiviste me déballa tout ce qu'il savait :

— Après le séisme, les gravats ont complètement

bouché la ruelle, et le maire a jugé que les travaux pour la déblayer coûteraient trop cher ! Alors ils l'ont fait condamner.

— Et les gens dessous ?

— Ils sont morts, bien sûr ! Et leurs cadavres y sont encore depuis 1896...

Décontenancé, je finis par lâcher le pauvre homme, qui se redressa en époussetant sa chemise.

— Mais j'y suis passé hier... marmonnai-je avec les yeux dans le vague. J'y ai commandé un livre...

— Où ça, monsieur ?

Je tournai vers lui mon visage interdit.

— Au Passage de la Croix-Noire...

L'archiviste ne me répondit rien, continuant de me toiser comme s'il avait affaire à un aliéné réchappé de l'asile psychiatrique. Je quittai en suivant le bâtiment des Archives et traversai la rue sans me soucier du trafic automobile, manquant de me faire écraser, jusqu'au numéro 12, avenue Edgar Poe.

Le mur nu était toujours le même, sans trace d'un quelconque Passage, mais j'aperçus néanmoins un petit détail que j'avais omis de remarquer plus tôt ; sur le trottoir, juste devant le mur, se trouvait une minuscule plaque commémorative, marquée d'une discrète petite croix noire en dessous de laquelle il était gravé : « à la mémoire des victimes du tremblement de terre de 1896 ».

La semaine suivante, je mettais en vente mon appartement et déménageais précipitamment, fuyant non seulement ma rue, mais aussi ma ville et ma région natale. Je quittai mon emploi du jour au lendemain, sans respecter le délai de préavis, et m'installai à l'autre bout du pays, le plus loin possible de la vision cauchemardesque d'un quartier que je croyais si bien connaître, et qui s'était pourtant révélé à moi avec la plus inquiétante et inconcevable des surprises.

L'année qui suivit, je dépensai mes économies à parcourir le monde, bien décidé à chasser de mon esprit le fantôme d'une ruelle impossible, cachée dans les ténèbres impalpables du temps et de l'espace de ma ville natale. Je peux vous assurer que j'en ai vu des choses, lors de mes nombreuses pérégrinations sur tous les continents, mais je n'ai pourtant jamais pu, Dieu m'en soit témoin, retrouver l'intensité révoltante de ma découverte de ce qui demeure là-bas, coincé quelque part entre l'avenue Edgar Poe et le boulevard Jules Verne.

Et lorsque je suis retourné dans mon pays après un an d'absence, et qu'il me fallut trier tout le courrier que j'avais reçu durant mon éloignement, quelle ne fut pas ma surprise en mettant la main sur l'une des lettres qui m'était adressée... Une lettre que les services postaux avaient fait suivre depuis mon ancienne adresse avenue Edgar Poe, et dont je vous livre ici la teneur exacte :

« Cher monsieur, malgré tout le bon soin que j'ai mis dans la recherche de l'ouvrage que vous m'avez commandé, j'ai le regret de vous annoncer que notre Jules Verne national n'a jamais écrit de roman intitulé « Le Sphinx des Glaces ». Mes plus plates excuses, en espérant vous recroiser un jour Au Trou du Ver, moi qui n'ai pas beaucoup de clients ces derniers temps... »

Mon antique correspondant se trompait, *Le Sphinx des Glaces* était bien le nom d'un livre de Jules Verne, publié pour la première fois en 1897.

Seulement, l'infortuné libraire ne pouvait pas le savoir, puisque cette année là il gisait déjà, lui et sa vénérable boutique, sous les décombres inviolés du Passage de la Croix-Noire.

NOUVEAU-MEXIQUE

(Extrait)

Par Florent Conti

Il fait un gel de branches sans bourgeons.

En ces terres du haut désert blanc, la truite fardée caresse le courant et les roches luisent tant le soleil inonde les collines d'Armoise tridentée.

Nous sommes en février et j'erre dans ce Mexique « nouveau » après avoir passé le Colorado par la frontière naturelle des Rocheuses. Carson, Tierra Amarilla, Rio Grande... Ces noms me parlent sans étrangeté et pourtant, je ne suis pas d'ici.

J'erre dans les quartiers vaguement touristiques de Taos avant de partir vers ce que j'appelle les « vrais » espaces. Là où l'Histoire est éternelle, à la fois vaste, subtile et lente. J'ignore pourquoi je me force à visiter des villes juste parce que le nom m'évoque une idée vague. Là où je prospère, c'est dans l'Ailleurs et le Dehors.

Les wapitis sont difficiles à imaginer dans ces montagnes désertiques mais ils peuplent les lieux, de même que les chevreuils à grandes oreilles et à queues noires qui s'effacent dans les collines, alors que les couguars guettent le tout avec appréhension du haut de leurs perchoirs dissimulés en haut des pins.

Sur le point de quitter le Colorado, je discute avec un résident de l'état qui m'explique la situation :

« Avant il y avait des wapitis gros comme des camions, la chasse était bonne. Maintenant il y a trop de chasseurs qui viennent d'ailleurs. Les wapitis, il faut aller au Nouveau-Mexique pour les trouver. Les étrangers de l'État nous ont tout pris. »

Ce n'est qu'une fois passé la frontière du Nouveau-Mexique que je réalise l'ironie de ces paroles.

Cervidés de trophée ou non, une maladie les touche de manière fulgurante : la *Chronic Wasting Disease*, CWD pour les intimes, sorte de vache folle du cerf, cadeau venant d'un centre de recherche agroalimentaire qui jouait à Dieu dans les années soixante. Il semble que les humains ne soient pas capables de garder une ressource naturelle sans en spolier les générations futures.

Ici cependant, les Gorges du Rio Grande s'ouvrent en grand au coeur d'immenses chaînes montagneuses et font oublier les maux de la Terre. Ici, on est loin de tout et on respire comme nulle part ailleurs. Les journées envahies par un soleil d'or donnent lieu à des soirées fraiches, et ce rituel emplit mon coeur d'une profonde paix.

Hier par contre, j'ai fait une erreur qui aurait pu me coûter vitalement cher.

Je traverse un col alors que la nuit tombe, et cette dernière me prend de court. Je cherche un endroit pour m'arrêter mais je suis au beau milieu d'une Forêt Nationale (à savoir que les Forêts Nationales dans l'Ouest américains sont en général de la taille d'un grand département français, pour donner un ordre d'idée au lecteur). Le mal de ventre qui me suit depuis ma traversée du continent sous le blizzard s'intensifie. On ne fait que monter toujours plus en altitude et la neige au sol s'épaissit. Dans la nuit, tout semble facile et inoffensif. Mon van et ses pneus d'hiver finlandais montent sans encombre. Je recule vers le bas-côté sans même regarder ; ce bas-côté étant une falaise. La fatigue et l'habitude sont les plus grands ennemis du voyageur en terre nouvelle. C'est à ce moment-là que ce dernier fait des erreurs pouvant causer la fin de son voyage, voire la fin tout court.

En arrêtant le moteur, je me retrouve seul dans un silence froid avec l'impression de flotter au-dessus de la neige fraiche. En sortant dans la nuit à la fois blanche et sombre, une curieuse impression de me faire épier. Je dois avouer que la peur infondée des couguars me prend parfois, surtout au détour d'un pipi contre un arbre en forêt. Les couguars sont en général téméraires et veulent avoir affaire aux humains autant que nous voulons avoir affaire à eux. Mais en moi traînent toujours quelques pensées félines ; particulièrement dans ces contrées du Nouveau-Mexique et de la Forêt Nationale de Carson, connue pour être la région avec la plus forte concentration de grands chats après le nord de l'Île de Vancouver.

Au fur et à mesure des kilomètres avalés, le voyageur à tendance anxieuse voit certaines de ses peurs et fantasmes se passer le relai. Tantôt les serpents à sonnette (ou plus précisément crotales diamantin de l'Est), tantôt les requins blancs du Nord-Ouest Pacifique, tantôt les grizzlis. Partout, les couguars. Tant d'amis et de colocataires dont j'apprécie l'existence mais aussi la distance. Je donne un coup de klaxon avant de sortir, histoire de déranger le fabuleux repos de la nuit. J'ai remarqué que ces peurs quelque peu infondées s'installent souvent en moi après avoir passé trop de temps hors de régions sauvages. Et de la même manière, je perds souvent les codes de la vie urbaine lorsque je passe « trop » de temps à vivre dehors – la possible menace d'un couguar me parait en effet comme la plus grande des bénédictions lorsque je me sens enseveli sous l'arrogance d'un gratte-ciel.

Bref... Le lendemain matin, surprise, je suis au bord d'un précipice, mais quel précipice. Peut-être l'un des plus beaux précipices que j'ai jamais vus ! Il y a comme une magie dans l'air, la neige tombe comme un fin nuage de diamants. La vue sur les montagnes est une vue à faire pleurer un exploitant minier, et les pins hauts comme un petit immeuble recouvrent mon espace de camping tel un abri sur-mesure. Il n'y a rien autour, si ce n'est quelques traces de petits carnivores.

Ce matin il fait moins sept. Le froid me permet de

survivre, il me rappelle que rien n'est acquis. Hier soir, la fatigue de la route hivernale m'a précipité au lit. Hier soir, j'ai également réalisé que je suis incapable de m'endormir sans me poser de questions.

Être parti n'est plus assez.

Il y a tant de temps que j'essaye.

Ici, la terre est vraie et ne ment pas. S'il y a quelqu'un qui ment ici, c'est bien moi à moi-même.

Ne pas accepter que j'ai besoin de ces contrées sauvages pour vivre est le plus grand mensonge de mon existence. Pourquoi est-il si difficile d'ouvrir mon esprit à ce qui me garde en vie ? Pourquoi est-il si dur de respecter ce que mon coeur sait bon pour moi ?

***

La ferme Ojito se trouve au bout de vingt kilomètres de pistes d'un ancien torrent asséché. On appelle ça un *arroyo*.

Il est difficile de donner un âge à Paul. 45 ? 55 ? 65 ? 75 ans ? Derrière sa barbe qui éponge tout ce qu'il boit ou mange, et ses lunettes tenues par des cheveux en bataille tel un buisson de genévrier, on peut avoir du mal à le cerner. Ses phrases sont ponctuées de longues pauses, il écoute et poursuit son chemin accordant la plus grande importance à chaque pas qui le conduit.

Paul est originaire du Minnesota mais vit ici depuis plus de trente ans. Cela me confirme que le Nouveau-Mexique a un don pour appeler certaines âmes à lui. À la ferme, quatre autres maisons écologiques logent différentes familles. Paul les a construites au fur et à mesure des décennies. En faisant le tour de la propriété, on croise un jeune père qui promène son enfant en train de dormir dans ses bras, tenu par un bout de tissu en bandoulière. Il nous interpelle.

« Chhhhhuuut », qu'il siffle alors que Paul explique l'histoire de sa vigne qu'il a fait pousser.

On ne parlait pourtant pas fort. Je vois une petite friction entre ces jeunes hippies que Paul loge en échange d'un loyer modique. Paul travaille tous les jours, toutes les heures, sur cette terre pour qu'elle soit le paradis qu'elle est. Et voilà un jeune père un peu niais qui lui dit de se taire, alors que Paul est la personne la plus silencieuse que j'aie jamais rencontrée. Je dois avouer que les jeunes vertueux de mon époque ont parfois tendance à m'irriter dans leur conviction que tout leur est dû simplement parce qu'ils existent, sans évoquer la sorte d'intolérance qu'ils entretiennent avec leur environnement immédiat, en comparaison à la compassion qu'ils partagent pour les causes lointaines.

Contrairement à moi cependant, je note que Paul a la capacité de ne pas s'alourdir du comportement de ses locataires. C'est peut-être à ce moment-là que j'ai réalisé à quel point j'ai tant à apprendre afin d'être humain parmi les humains. Vivre et laisser vivre, la pureté comme la bêtise. Être un observateur bénévolent. C'est Paul qui a été le premier, sans le savoir, à m'enseigner cela.

Car Paul construit quelque chose ici. Quelque chose de matériel, mais qui va également au-dessus du monde solide. Parlant de construction, la raison de mon séjour ici est en partie pour apprendre sur le sujet. Nous achevons les fondations d'une nouvelle habitation dont les poutres viennent d'être montées. Paul fait tout cela sans plan, juste avec quelques lignes en vieille corde, au gré des vents et du soleil. Un vieux véhicule électrique, du genre qui promène les golfeurs paresseux, le suit partout avec ses outils. Les quatre côtés ainsi que le toit sont bardés de panneaux solaires et c'est comme ça qu'il charge sa perceuse, sa disqueuse, même un poste à souder, et plein d'autres appareils. Il fallait juste y penser. Les parcours de golf ont donc au moins un élément renouvelable : leurs véhicules pour jambes lourdes.

Le voisin de Paul s'appelle Joe. Ce soir, il vient chercher des canalisations que l'on a récupérées sur une station de ski abandonnée et qui serviront à améliorer le drainage. Ici, on récupère tout ce qu'on peut trouver aux alentours en y donnant une nouvelle utilité. C'est la seule manière de vivre quand on est *off-grid* et que le monde ignore votre existence. D'autant plus qu'ici, récupérer et rediriger l'eau est primordial. Elle se fait tantôt rare, tantôt destructrice. Sècheresse ou inondations et glissements de terrain, il faut choisir. Paul m'explique que la hutte en paille où il réside toute l'année a été construite par l'un des *wwoofers* qu'il a hébergés qui voulait le remercier pour six mois de partage et voir comment construire une habitation qui pourrait endurer les éléments tout en étant réparable à souhait.

Il me parle aussi de cette paire de jeunes Québécoises qui demandaient toujours un dessert après le repas simple que Paul leur préparait. « On aimerait bien une petite note sucrée... », dit Paul en les imitant bienveillamment. Paul semble avoir oublié que le commun des mortels a besoin de sucre pour avoir l'impression qu'un repas est complet. Les seuls sucres qu'il consomme sont le fructose de ses bleuets et mûres avec lesquelles il fait des jus. J'apprends même que les baies d'un certain elaeagnus sont comestibles et possèdent d'innombrables vertus médicinales. Le verger de Paul est envahi par d'immenses arbres qu'il a accueillis à bras ouverts au lieu de les combattre. L'étrange point de côté que j'ai transporté dans mon ventre pendant trois semaines depuis mon départ de Montréal a étrangement disparu après quelques verres de ces jus... Ou serait-ce l'air d'ici ?

Rien n'est trop sérieux non plus chez Paul. On rit des choses qu'il ne remarque plus. Par exemple, les pêches qu'il conserve en bocaux pas nécessairement étiquetés, si bien qu'après cinq-six ans les fruits deviennent filandreux (on ne peut pas s'occuper du jardin d'Eden ET faire plaisir à toutes les Eves et Adams.) Je souris encore repensant à la fois où il m'avoua, comme si c'était le plus grand des vices, qu'il n'aimait pas avoir de pain chez lui, car il n'arrivait pas à se contrôler. Sacré Paul...

Parlant de vices, lors de l'une de nos randonnées dans les canyon avec Pacho (le premier des nombreux chiens de ferme qui deviendront tous de touchants compagnons), Paul confie qu'il s'en veut des petites remarques qu'il fait à son voisin Joe, qu'il considère pourtant comme l'un de ses meilleurs amis. Chaque année, Joe chasse le wapiti et le chevreuil à queue noire dans les canyons voisins. Non pas que ces animaux soient en voie d'extinction, au contraire, si on ne clôture pas certaines aires, les cervidés ont la fâcheuse tendance de détruire en quelques minutes des mois de travail. Mais Paul semble avoir été touché par la grâce (ou malédiction) qui rend certains êtres incapables de concevoir que la vie d'un autre être puisse être récoltée pour notre consommation. Paul se nourrit principalement des choses qu'il cultive en permaculture sur sa terre, la seule exception étant du quinoa, du turmeric et quelques autres épices, ainsi que le fameux pain au grains anciens de son ancien coloc aujourd'hui boulanger à Taos. Autant dire qu'en temps d'apocalypse, Paul serait l'un des derniers à s'en rendre compte.

« Ce n'est pas que je veux être le hippie cliché anti-chasse », explique Paul, « c'est peut-être égoïste aussi, mais est-ce nécessaire de prendre la vie d'un animal ? »

Paul ne m'aide pas sur ce sujet. Voilà plusieurs années que je cherche des réponses (et c'est en partie le sujet de ce roman), vivre en phase avec la nature intègre presque naturellement la chasse car cette dernière paraît comme une extension naturelle de l'autosuffisance et de la connexion au vivant. Difficile de nier que l'humain est aujourd'hui sur cette Terre en grande partie grâce à son instinct de chasseur, car depuis la traque jusqu'à la cuisson, c'est une série de stimulation cérébrales et de résolution de problèmes unique qui ont fait de l'homme ce qu'il est. D'autre part, cela semble être une alternative moralement supérieure à l'asservissement des animaux de ferme, ou à la production massive en monocultures tuant indirectement des milliers d'espèces car, force d'admettre qu'il est bien plus durable et moins sournois de tuer d'une flèche ou d'une balle un animal libre toute sa vie pour s'en nourrir pendant plusieurs mois, plutôt que de tenir en captivité le vivant pour ensuite l'abattre. Mais d'autre part, est-ce vraiment cela, vivre en phase avec la nature ? Certes, il est possible de vivre sans. De trouver ses gras et ses protéines ailleurs. Un éternel sujet à la fois vain et essentiel.

Avec Paul, sur ces terres infiniment façonnées par le temps, le monde extérieur semble être inexistant. Ou plutôt, c'est comme si l'on savait que le monde continue avec ses noirceurs, mais que, tel un canot à la dérive, notre esprit s'en échappait pour vivre en phase avec les « vraies richesses ».

« — Je ne sais pas, Paul, peut-être que c'est un choix qu'on doit faire avec soi-même, de tuer ?

— C'est vrai, rétorque Paul un peu ironique, peut-être qu'à trop vouloir être humaniste, on en oublie notre humanité. »

Paul, en habituel pince sans rire, si bien que je ne discerne la blague que trop tard dans nos conversations, ne fait que dire qu'il se sent honoré car il n'est pas habitué à avoir une célébrité chez lui... Il a découvert que j'étais auteur et vidéaste de mes aventures, je ne sais comment car ici je n'ai même pas une barre de réseau, mais même s'il ne parle pas français, il m'avoue avoir regardé mes productions, chose qui est toujours un peu malaisante car je n'ai jamais l'impression que les gens qui me regardent sont nécessairement vrais ou regardent vraiment ce que je partage... J'aime qu'il se moque un peu avec dérision de cette micro-célébrité, et à la fois soit véritablement curieux des choses que je fais.

J'ai parfois l'impression d'être gauche, ou de le décevoir dans mon travail. Il faut dire, dans ce voyage initiatique, je commence à peine à apprendre les choses de la vie humaine. Je ne sais pour l'instant pas faire grand chose hormis appliquer ce qu'on me dit de faire. C'est le seul truc que l'école et le travail de bureau m'ont bien enseigné : respecter un horaire, respecter une hiérarchie, respecter les tâches pour lesquelles je reçois un chèque de paie à la fin du mois, respecter les lumières de signalisation, respecter les stops (la plupart du temps). Mais ici sur la « vraie » Terre, il n'y a pas de règles. Seul un esprit libre et ouvert peut exister avec le flot continu et inattendu qui coule ici. Impossible de passer la journée à attendre qu'elle finisse.

Après deux semaines, ma rééducation commence à opérer. Je suis comme un adulte qui réapprendrait à marcher après une vie passée à piétiner.

« — Vu que tu pars bientôt, je voulais te demander, me dit Paul un matin. Ça te dirait de revenir un jour pour filmer la cabane en haut ? J'aimerais en faire une résidence d'artiste ou inviter les gens à se ressourcer ici…

— Bien sûr, oui ! Ça doit être tellement beau ici quand tout est en fleur et en fruits.

— En effet, c'est la plus belle chose que j'ai jamais vue. »

Paul s'interrompit comme un enfant pris en train de dire un juron.

« — Enfin, je ne devrais pas parler comme ça, c'est un peu orgueilleux. Mais même si j'en suis devenu propriétaire voilà dix ans, j'ai l'impression de n'être que l'intendant de cette terre, car la nature ne nous appartient pas, elle appartient à elle-même. »

Le bleu du ciel nous toise dans un silence reposant et Paul, la voix un peu tremblante, de conclure :

« — Mais oui, c'est magnifique. »

Cet aveu, qui pour Paul sonnait comme un si grand pêché, fut un rare moment parmi nos heures de conversations où je pus discerner que cette terre était bien plus qu'une simple terre. Il y avait toute une vie derrière. Une vie de blessures et d'espoirs abandonnés dans le dur labeur, des cicatrices d'amours et de fraternités perdus, d'un passé long et lourd transcendé dans ces arbres en dormance, laissant les saisons réparer et guérir.

Je lui répondis que j'espérais vraiment revenir un jour. Le genre de promesse difficile à tenir mais que l'on aime garder dans un coin de son coeur.

Après deux semaines, comme nous avions convenu, il est temps pour moi de quitter la ferme d'Ojito et les canyons de Velarde. Ici, les nuits gelées m'ont forcé à ne pas enclencher ma pompe à eau et même si Paul passe parfois plus d'un mois sans douche, l'eau est mon éternelle salvation et je ne me sens pas aussi confortable que Paul dans la sècheresse crasse de ma propre peau. L'été, Paul a une douche solaire extérieure. Mais à voir comment il ne se laisse pas mener par les besoins cosmétiques de son corps et aime sentir la terre dont il prend soin partout dans son être, j'ignore combien de fois cette douche a servi. De mon côté, j'aime être sale tout autant que j'aime me sentir frais.

« — Si tu veux, il y a une piscine municipale à quarante-cinq minutes d'ici, juste avant Santa Fe. C'est là où je vais quelque fois pendant l'hiver pour la douche. Dès que j'entre là-bas, ils pensent que je suis un vieux fou sans-abri.

— Et tu les corriges ? que je demande en vidant ma botte de terre et d'écorce de bois que l'on a transportés toute la journée entre deux piles de la ferme.

Paul fronce des yeux comme pour se poser la question à lui-même.

— À quoi bon au fond... N'est-il pas mieux d'avoir l'air pauvre pour les autres et être riche pour soi plutôt que d'avoir l'air riche pour les autres tout en étant misérable à l'intérieur... »

Pacho, le bouvier australien argenté me regarde avec ses yeux bleus comme pour valider les propos de Paul, avant de m'offrir son poitrail pour quelques gratouilles. Je réalise que ce sont les dernières caresses et les derniers jeux que je partagerai avec ce chasseur de coyotes.

Quelques semaines après mon départ, en me donnant des nouvelles, Paul m'avoue que Pacho, qu'on lui avait donné pour lui tenir compagnie, s'est battu avec le chien d'un de ses locataires, et que Paul, se sentant mal pour eux a pris la décision de trouver une autre famille pour Pacho. Paul me dit qu'avoir su, j'aurais peut-être pu embarquer Pacho avec moi. Le premier sur une longue liste d'amis canins dont j'ai croisé le destin et qui auraient pu embarquer avec moi sur la route.

Cela dit, Pacho avait le mal de route.

De mon côté, j'ai peut-être mal un peu partout, au dos, au ventre, au cerveau, au coeur. Mais jusqu'à ce que je trouve mon Nouveau-Mexique à moi, la route est mon seul remède.

REMERCIEMENTS

À force d'accepter la peur, on en perd la raison. Ce livre est l'une des raisons pourquoi j'ai espoir qu'un monde qui nous accepte pour ce que nous sommes existe encore.

Merci à toi.

Lecteur, auteur, créateur, écrivain, artiste, dessinateur, essayiste, philosophe, penseur, professionnel, amateur, jeune, vieux, femme, homme, ourse, vélo, chien, voyageur.

Ce livre ne serait pas ce livre sans toi, sans tes confidences, tes peurs, tes joies, tes peines, tes bonheurs, ton histoire, ton parcours, tes blessures, tes forces.

Nous nous retrouverons de nouveau un jour, j'en suis sûr, pour apprendre, créer, inventer, réinventer, échanger, donner, progresser, partir, revenir, rester, aimer, et vivre...

Ici, chez moi, chez toi, là-bas, ailleurs, partout, chez nous.

À PROPOS DE L'ÉDITEUR

Florent Conti est auteur et vidéaste indépendant connu pour ses films sur YouTube et son livre « *Ma vie en van, Pour vivre heureux, vivons léger !* »

Depuis son véhicule aménagé ou sa mini-maison, se rendant de ferme en ferme et de forêt en forêt, Florent explore plusieurs manières de vivre et de penser, avec comme obsession la poursuite d'une existence simple et autonome.

Plus d'informations sur
Youtube.com/Monvanaucanada

DANS LA MÊME COLLECTION

Ma vie en van – Florent Conti (2018, City Éditions)

Sur les routes de nos vies – Recueil collectif (2019, Éditions Ma vie en van)

Correspondances d'un nomade confiné – Gaston de la Lande (2020, Éditions Ma vie en van)

Une version numérique de ce recueil est également
disponible.

Cet ouvrage est publié à la demande et ne fait pas l'objet de mises au pilon comme il est d'usage dans l'industrie du livre.

Printed in Great Britain
by Amazon